ध्वनियों के आलोक में स्त्री

संगीत

ध्वनियों के आलोक में स्त्री

मृणाल पाण्डे

राधाकृष्ण

ISBN : 978-81-8361-695-9

ध्वनियों के आलोक में स्त्री

पहला संस्करण : 2015

मूल्य : ₹ 300

प्रकाशक
राधाकृष्ण प्रकाशन प्राइवेट लिमिटेड
7/31, अंसारी मार्ग, दरियागंज, नई दिल्ली–110 002

शाखाएँ : अशोक राजपथ, साइंस कॉलेज के सामने, पटना–800 006
पहली मंजिल, दरबारी बिल्डिंग, महात्मा गांधी मार्ग, इलाहाबाद–211 001
36 ए, शेक्सपियर सरणी, कोलकाता–700 017

वेबसाइट : www.radhakrishnaprakashan.com
ई-मेल : info@radhakrishnaprakashan.com

मुद्रक : बी.के. ऑफसेट
नवीन शाहदरा, दिल्ली–110 032

DHAWNIYON KE AALOK MEIN STREE
by Mrinal Pande

अपनी माँ
गौरा 'शिवानी' की स्मृति को

प्रस्तावना

एक दार्शनिक ने कहा है कि संगीत ही वह चरम अवस्थिति है, जिसे पा लेना हर कला का चरम लक्ष्य होता है। जितना मैं समझ सकी हूँ, संगीत से यहाँ आशय है वह शान्तिमय ऐकान्तिक भाव, जो संगीत अपने साधकों के मन में जगाता है। पर मेरा सुदीर्घ अनुभव इस बात का भी गवाह है कि हमारे यहाँ किसी भी स्त्री (बहुत मेधावी और रचनात्मक तौर से हमउम्र पुरुषों जैसी या उनसे भी अधिक क्षमतावान होने के बावजूद) के लिए सिर्फ़ और सिर्फ़ अपने ही लिए स्थायी शान्ति और एकान्त जुटाकर कला की सतत साधना राज और समाज की सतत आलोचना और कोप का अनिवार्य निशाना बन जाना है। ख़ासकर उम्र के उन वर्षों में, जब उस पर अपना दुनियावी पारिवारिक संसार बनाने और आदर्श पत्नी, माँ तथा बहू का दाय भी निभाते रहने का दबाव चारों तरफ़ से पड़ रहा हो। यही वजह है कि हमारी सभी बड़ी संगीतज्ञ गायिकाएँ अपने सार्वजनिक जीवन में भरपूर यश और धन कमाने के बाद भी निजी जीवन में सबकी निगाहों में सन्दिग्ध बनी रहती हैं, सबसे अधिक अपनी। ख़ुद उनकी अपनी समवयस्का महिलाएँ भी उनकी कला-साधना का उल्लेख तनिक हिकारत से ही करती देखी जाती हैं। संगीत उनकी नज़रों में एक विलास है जिसकी क़ीमत पर सांसारिक दाय का त्याग एक औरत के लिए स्वार्थ और मूर्खता की पराकाष्ठा है। पुरुष उस्तादों या गुरुओं के सन्दर्भ में जिस महत्त्वाकांक्षा और साधना का उल्लेख समाज तथा संगीत के घरानों में सादर और सगर्व किया जाता रहा है, उन्हीं गुणों को गौहरजान अथवा बेगम अख़्तर सरीखी स्वनामधन्या गायिकाओं के सन्दर्भ में भी एक खुली या छिपी अवहेलना के साथ ही किया जाता रहा है।

गायिकाओं के निजी जीवन और उनकी सार्वजनिक संगीत अदायगी को कुल मिलाकर इतना जोखिम भरा बना दिया गया है कि आज भी अधिकतर लड़कियाँ जब संगीत सीखती भी हैं, तो तनिक डरे मन से, हिचकिचाती हुई, उस पूर्ण समर्पण भाव से नहीं, जैसे पुरुष करते हैं। अधिकतर के लिए आज भी संगीत की विधिवत् तालीम आनेवाले वर्षों में इस कला की सतत साधना की राह खोलने का दिव्य ज़रिया अथवा अच्छी रोज़ी-रोटी कमाने का सम्मानित ज़रिया नहीं बन पाता। संगीत सीखना यानी वैवाहिक बाज़ार या शिक्षिका की नौकरी के लिहाज़ से अपने बायोडेटा में कुछ अधिक अंक जुड़वा लेने का एक निरापद-सा तरीक़ा। बाद के वर्षों में जब तक वे अपने बाल-बच्चों को ठिकाने लगाकर सेवानिवृत्त हों, तब तक उनकी रचनात्मकता रिरियाती अनिच्छुक भीड़ को पाठ्यक्रमानुसार स्वर-ताल के रट्टे लगवाते हुए और ख़ुद के रियाज़ के प्रति लम्बी उपेक्षा से सूख-सुखा चुकी होती है।

जीवन भर शोर-शराबे और दूसरों की शर्तों-सेवा में जीवन जी चुकी औसत महिला को एकान्त और शान्ति चैन नहीं देतीं, डराती हैं। एकान्त मिल भी जाए तो क्या? का बरखा जब कृषी सुखानी! उसकी अपनी कुंठा और कुढ़न उसके भीतर अक्सर उन संगीतकार महिलाओं को लेकर प्रतिहिंसा और ईर्ष्या से भर देती है, जो घर-परिवार के मध्यवर्गीय आग्रहों को लाँघकर संगीत-साधना की ज्योति जलाए रहीं।

सच तो यह है कि कलाओं में संगीत के प्रति लगभग सभी स्त्रियों में एक सहज रुझान रहता है। इसकी वजह भी है। मन में उमड़ा कोई भी विचार जब सहज आकार पाना चाहता है तो उसे एक दर्पण की ज़रूरत पड़ती है। और अपनी अस्मिता से जन्मना वंचित स्त्री के लिए संगीत तथा साहित्य अपने खोए 'स्व' की खोज का एक सार्थक आलम्बन बनकर उभरते हैं। विदुषी किशोरी अमोनकर ने कहा भी है (संगीत, अंक जनवरी-फरवरी, 1986) : '...कुछ क्षण हम अन्दर की ओर झाँकने, अन्दर को समझने में लगाएँ तो हमें पता चलेगा, जितना अन्दर है उतना बाहर नहीं...राग भूप की मेरी बन्दिश है :

प्रथम सुर साधे जब होवत ज्ञान...

भारतीय संगीत-जगत् की यह एक केन्द्रीय विडम्बना रही है कि ज्ञान की ऐसी अनिर्बाध साधना हमारे यहाँ प्रायः उन्हीं पेशेवर

गायिकाओं के लिए सुलभ हो पाई है, जो गायिकाओं के मातृसत्ताक परिवारों से जुड़ी हैं और जिनके लिए सामान्य अर्थों में घर-परिवार और समाज का अर्थ भिन्न रहा आया। कमाई तथा प्रशिक्षण की दृष्टि से यह समूह बुनियादी तौर से मातृसत्ताक ही हुआ करता था और राजघरानों और ज़मींदारों की बाड़ियों के महफ़िली गायन और उत्सव-आयोजनों से अपनी आजीविका कमाता था। रसिक महफ़िली रुझान के हर उम्र के रईस रसिक पुरुषों तथा गायकों के बीच नि:संकोच उठना-बैठना, त्रिया-चरित्र का उपयोग करते हुए बड़े सलीक़ेदार ढंग से बातचीत द्वारा ऊँची से ऊँची फ़ीस अपने लिए तय करना—यह सब पेशेवर गायिकाओं द्वारा लड़कियों को बचपन से वर्जित नहीं प्रोत्साहित किया जाता था। इन नृत्य-संगीतजीवी परिवारों में डेरेदार तवायफ़ें पहले पायदान पर थीं। ये रसूख़दार और सम्पन्न तथा कला की गहरी जानकार होती थीं और अपनी कोठियों में ठसक से रहती थीं। पुरुषों से उनके अन्तरंग रिश्ते जब बनते थे तो उनकी सहमति बिना नहीं। उनकी मजलिसों में कौन बैठने लायक़ है कौन नहीं, किसे कब बाहर का रास्ता दिखाना है, इस सबको वे बड़ी बारीक़ी से जानतीं और शक्ल देती थीं। इनके बीच स्पर्धा भी रहती थी, किन्तु डेरेदारनियाँ ख़ुद अपनी जमात को सामान्य नाचने-गानेवालियों से काफ़ी ऊपर मानती थीं। उनसे नीचे के पायदान पर खड़ी कसबिनें, मिरासिनें तथा डोमिनियाँ भी गायनजीवी थीं किन्तु देह-व्यापार से पैसा कमाना भी उनकी अनिवार्य नियति थी। अक्सर केसरबाई या अख़्तरीबाई सरीखी गर्वीली डेरेदार गायिकाएँ उनसे कुछ हिकारत से बात करती थीं। ठुमरी की अप्रतिम गायिका रसूलनबाई या गंगूबाई हंगल गायनजीवी परिवार की होते हुए भी जाति से अवर्ण अत: डेरेदार गायिकाओं की पंक्ति से बाहर ही रहीं। उनको कई बार आम जन ही नहीं, डेरेदार तवायफ़ों की भी घोर उपेक्षा तथा व्यंग्य का सामना करना पड़ता था। पर आत्यन्तिक सच तो यही था कि तमाम ऊपरी जगर-मगर और आर्थिक स्वायत्तता के बाद भी अन्तत: शिष्ट समाज की मुख्यधारा में दोनों ही वर्गों की गायिकाओं के लिए कोई सम्मानित जगह बीसवीं सदी के दो-तिहाई हिस्से तक नहीं बन सकी थी।

स्मरणीय है कि आज की गायकी का स्वरूप उन बरसों में तैयार हुआ जब भारतीय राज-समाज बाहरी आक्रान्ताओं से टकरा-टकराकर पतनशीलता की तरफ़ बढ़ने लगा था, परिस्थितिवश

ग़रीबी की पृष्ठभूमि से इस पेशे में आए अधिकतर संगीतकार निरक्षर या अर्द्ध साक्षर ही होते थे। अपनी प्रतिभा और आमने-सामने बैठकर मिली गुरुओं की उत्तम शिक्षा से वे संगीत का मर्म गायन-वादन में तो सुरक्षित रख पाए अलबत्ता उसे विस्तार से परवर्ती पीढ़ियों को समझा पाने के लिए उस ज्ञान के मूल दर्शन और स्वरों के श्रुत्यानुसार बने जटिल रूपों को अभिनवगुप्त के ध्वन्यालोक या दत्तिलम् या नाट्यशास्त्र के लेखकों की तरह लिखित रूप देकर चिरस्थायी बनाने में वे अक्सर अक्षम थे। बीसवीं सदी के दो दशक बाद ही पं. भातखंडे ने वैज्ञानिक तरीक़े से इस काम को आकार दिया लेकिन उसको लेकर हज़ारहा शंकाएँ और फ़ुर्सती आलोचनाएँ सामने आईं। फ़ुर्सती इसलिए कि शंकालुओं ने ख़ुद इस काम को और महीन तरह से तराशा हो, इसका कोई प्रमाण नहीं।

यही वजह है कि संगीत को लेकर अपने यहाँ आम समाज में और बड़े पैमाने पर बुद्धिजीवी वर्ग में भी जो आग्रह रहे हैं, उनमें एक आग्रह यह भी रहा है कि संगीत-विषयक चिन्तन एक शिल्प मात्र है। इसका इस कला के दार्शनिक सत्य से कोई सीधा रिश्ता नहीं। पर हमारी सांगीतिक बन्दिशें सिर्फ़ वर्णों का अनुसरण करनेवाली शब्दराशि ही नहीं, कहीं उसी अर्थ में अलौकिक गीत भी हैं जिस अर्थ में सामगान। उसका अन्तिम पैमाना मूल रचयिता उतना नहीं, जितना उस रचना को अपने लौकिक समय में उसे गा-बजा रहे संगीतकार की प्रतिभा और दृष्टि रचते हैं। अब हम और आप बख़ूबी जानते हैं कि लौकिक जो भी है, वह परिवर्तनशील है। इसलिए संगीत भी कोई थिरायी हुई, बन्धनों में जकड़ी-जकड़ायी जड़ कला नहीं, एक निरन्तर बहती सनातन धारा है जिसमें उर्वर कल्पनाशील गायक-गायिकाएँ स्वानुभूति और कल्पना जोड़कर नित नए घाट बनाते हैं। यह घाट बनाना और नदी की धार के साथ भी बहते रहना बड़ा ही दु:साध्य होता है, पर यह सचाई हमारा शहरी धनाढ्य वर्ग बहुत कम स्वीकार करता है। उसके लिए संगीत का मोटा मतलब ग्लैमर और लोकप्रियता के आँकड़ों से ही उपजता है। आगरा घराने की गायिका स्व. शीला धार बताती थीं कि उनकी मौजूदगी में पं. भीमसेन जोशी का परिचय जब दिल्ली के एक बड़े अफ़सर की महिमामयी बीवी से एक बड़े नामी गायक के रूप में कराया गया, तो वे हँसकर बड़े उपकारी सुर में बोलीं, 'जी यह तो

बड़ी अच्छी हॉबी चुनी है आपने!' यह है औसत पढ़े-लिखे मध्यवर्गीय समाज की इस कला को लेकर सोच!

अपने यहाँ की ज्ञान-परम्परा में व्याकरण का केन्द्रीय महत्त्व रहा है। और व्याकरणाचार्य पाणिनि ने स्पष्ट कहा है कि शब्द और ध्वनि के लोक में लोक-सिद्ध रूप से उपजे स्वर ही अन्तिम प्रमाण हैं। क्योंकि शब्दों की ही तरह तमाम स्वर भी लोकमानस से ही निकले हैं। संगीतकार उनका परिमार्जन कर उनको गेय बनाते हैं। इसलिए जिस तरह हम कुम्हार से नया घड़ा बनाने को कह सकते हैं, संगीतकार को नया स्वर बनाने को नहीं। हमारे गायकों तथा गायिकाओं के हिन्दुस्तानी संगीत में योगदान का इतिहास दरअसल लोक-परम्परा से मिले स्वरों से पहले अपनी स्वानुभूति को बढ़ाने और फिर संगीत की अलौकिकता के उजाले में, ध्वनियों के आलोक में खड़े होकर अपने परिवेश और आत्मछवि को सतत परखने और श्रोताओं तक पहुँचाने का इतिहास है। यह दुखद है कि इस विकट संघर्षमय काम का इतिहास हमको अक्सर दंतकथाओं के टुकड़ा-टुकड़ा रूप में ही मिलता है। लोक से स्त्री-पुरुष दोनों का जुड़ाव समान होता है। लोरियों, मौसमी संगीत (बिरहा या कजरी या बारहमासा) अथवा विरह-मिलन के लोकगीत दोनों ही सुनते हुए हम बड़े होते हैं। इसीलिए हमारे गायक ही नहीं, अनेक गायिकाएँ भी वाग्गेयकार यानी सुर तथा बोल की रचना करनेवाली शास्त्रज्ञ भी बनीं। यही नहीं, कई पुरुषों के विपरीत विकट ग़रीबी, पारिवारिक दबावों तथा सामाजिक वर्जनाओं से ऊबकर वे अन्यत्र गुरु खोजने नहीं भागीं। अपनी ज़मीन पर इन समस्याओं से जूझते हुए उन्होंने न केवल संगीत की साधना जारी रखी, बल्कि कई बार अनेक फ़ाक़ाकश संगीतकारों के पूरे के पूरे परिवार का उत्तरदायित्व भी निभाया और अनेक ग़रीब लेकिन प्रतिभाशाली छात्रों को अपनी छाँह देकर नामचीन नए-नए गायनाचार्यों को तैयार किया। इसीलिए आज हमको अपनी संगीतज्ञ महिलाओं को लोक-मानस की प्रतिनिधि और बड़े-बड़े विद्वानों की पंक्ति में गिनी जाने योग्य मानकर उनका अवदान सामने लाना होगा जैसा अब तक सिर्फ़ पुरुषों के सन्दर्भ में होता आया है। संगीत किसी संगीतकार की हॉबी नहीं, उसका सम्पूर्ण जीवन और उस युग का आईना भी होता है, यह बात हम तभी समझ सकेंगे।

सामाजिक वर्जनाओं का क्या कहिए! वे तो पुराने समय से हमारे यहाँ संगीत के संस्पर्श से भी घरेलू परिवेश को दूषित मानने-मनवाने पर आमादा रही हैं और उन्होंने महिला संगीतज्ञों की रचनाशीलता और सामाजिक स्वीकार्यता पर चाहे-अनचाहे कई बार ग्रहण लगाया है। बेगम अख़्तर से लेकर रसूलनबाई तक कई बड़ी गायिकाओं के बारे में हमने सुना है कि उन्होंने जब विवाह कर घरबारी बनने की सोची भी, तो उनको शपथ लेनी पड़ी कि वे अब समाज द्वारा मान्य पातिव्रत धर्म का पालन करते हुए न ख़ुद कभी गाएँगी, न अपनी किसी बेटी को गाने देंगी। ज़ाहिर है, कुछ साल बाद उनके भीतर की कला-धारा ने उछाल भरी तो वैवाहिक बन्धन टूट गए और गाना फिर शुरू हुआ। इसे इन महिलाओं की यायावरी वृत्ति नहीं, उनके जीवनसाथियों की कमअक़्ली का ही प्रमाण मानना उचित होगा। पहले गाने पर रीझकर विवाह का प्रस्ताव रखना और फिर गाने पर पूरी तरह रोक लगवाना! क्या यह ऐसा ही नहीं कि किसी बुलबुल को पिंजरे में क़ैद कर उसके गले में काँटा फँसा दिया जाए!

गुरुजनों से सुनी एक सच्ची कहानी से शुरू करती हूँ जो काफ़ी हद तक हमारे समाज में संगीत को समर्पित एक महिला के जीवन के राग-विराग का अक्स है। वाक़या बीसवीं सदी के शुरुआती सालों का है जब (बाद में किराना घराने के सिरमौर हुए) उस्ताद अब्दुल करीम ख़ाँ एक प्रतिभावान किन्तु बहुत कमउम्र कलाकार थे। अपने उस्ताद काले ख़ाँ तथा भाई लतीफ़ ख़ाँ के साथ काठियावाड़ होते हुए वे बड़ोदा पहुँचे जहाँ खाँडेराव गायकवाड़ के उत्तराधिकारी सयाजीराव गायकवाड़ नए-नए गद्दीनशीं हुए थे और जनहित में तमाम तरह की नई शुरुआतें कर रहे थे। अच्छे संगीत का युवा महाराजा को शौक़ था, और भारतीय संगीत में इस विधा को सिर्फ़ कोठेवालियों तक सीमित पाकर वे भले घरों की प्रतिभावान महिलाओं तक भी शास्त्रीय संगीत की शिक्षा का प्रसार कर पाने में बड़ी रुचि ले रहे थे। उनकी इस महिलावादी रुझान को उनके अंग्रेज़ मित्र फ्रेडलिस साहिब से काफ़ी बढ़ावा मिला जो उनकी रियासत में तैनात अंग्रेज़ छावनी के मुख्य बैंडमास्टर थे। बड़ोदा का यह अंग्रेज़ी बैंड काफ़ी मशहूर था और अंग्रेज़ होकर भी बड़ोदा दरबार के उत्तमोत्तम गायकों को सुन-सुनकर फ्रेडलिस साहिब भारतीय शास्त्रीय गायन के पक्के मुरीद बन चुके थे। कहते हैं, बड़े

लाट एलगिन जब बड़ोदा आए तो ब्रिटिश साहिब के बैंड ने भारतीय राग बजाकर उनका स्वागत किया। उनके निरन्तर सान्निध्य में राजा साहिब को भी पारम्परिक भारतीय गायन के सन्दर्भ में अंग्रेज़ी संगीत लेखन की अनेक नई बारीक़ियाँ तथा सम्भावनाएँ पास से देखने-परखने का मौक़ा मिला। पंडित भातखंडे उन दिनों भारतीय राग-रागिनियों को अंग्रेज़ी क़िस्म की स्टाफ़ नोटेशन पद्धति में लिखकर सँजो ही रहे थे सो फ्रेडलिस साहिब की राय मानकर सयाजीराव ने अपनी रियासत में किसी योग्य गुरु की अगुवाई में लड़कियों को भातखंडे पंडित की चलाई नई नोटेशन पद्धति के तहत विधिवत् संगीत-शिक्षा दिलाने के लिए एक स्कूल शुरू करने के बाबत विचार भी शुरू किया।

इसी बीच एक दिन रात को शहर के हालात का गुप्त जायज़ा लेने को निकले राजा साहिब ने शहर के एक मोहल्ले से आता अब्दुल करीम ख़ाँ और उनके भाई लतीफ़ का मीठा सुर सुना और उनको बुलवा भेजा। उस्ताद मौलाबख़्श की अनिच्छा के बावजूद राजमहल में राजमाता, महारानी तथा कुछ ख़ास मेहमानों के सामने उनकी महफ़िल का आयोजन करवाया गया। उनकी आवाज़ तथा महफ़िली अदब-क़ायदे से ख़ुश महाराजा ने दोनों भाइयों को महल की महिलाओं को तालीम देने के लिए अपने यहाँ मुलाज़िम रख लिया। महाराजा साहिब ने राजमहल के आश्रित कलाकारों के लिए विभिन्न श्रेणियों में तनख्वाह तथा भत्ते वग़ैरह की भी साफ़-सुथरी व्यवस्था तय कर रखी थी जिसके तहत उस ज़माने के लिहाज़ से ठीक-ठाक सैलरी की व्यवस्था कर दी गई। महल में कला-विभाग के सर्वेसर्वा पहलवान तथा गायक उस्ताद घिस्से मौलाबक़्श को ये छोकरे गायक क़तई पसन्द नहीं थे और पीठ पीछे उनको मीरासी वग़ैरह कहकर उनकी खिल्ली उड़ाने से वे बाज़ नहीं आते थे। बहरहाल करीम ख़ाँ और उनके भाई ने मराठी भजन गाकर राजमाता को इतना ख़ुश कर दिया कि दोनों भाई महाराज के साथ शिकार पर तक जाने लगे। महाराज को सूझा कि क्यों न बड़ोदा संगीत विद्यालय के लिए इन युवा गायकों की मदद से ताज़ा नोटेशन बनवाए जाएँ? दिक़्क़त यह थी कि उस्ताद अब्दुल करीम ख़ाँ बहुत ही कम उर्दू लिख-पढ़ पाते थे। लिहाज़ा राजमाता के भाई सरदार मारुति मान की युवा बेटी ताराबाई को उनकी मदद करने को साथ बिठा दिया गया। आग और घी का साथ होने से वही हुआ जो होना

था और एक दिन उस्ताद तथा पिता के अत्याचारों से त्रस्त ताराबाई मीरज भाग गए। ज़िन्दगी में फिर दोनों कभी बड़ोदा नहीं गए। जब 1920 में भातखंडे पं. की करवाई बड़ोदा संगीत-गोष्ठी का न्योता आया तब भी नहीं। बाद को गुणग्राही महाराज से क्षमा-याचना के बाद प्रेमभाव तो बन गया लेकिन तब तक पाँच बच्चों के पिता बन चुके उस्ताद साहिब ने पुनः बड़ोदा जाना अस्वीकार कर दिया। अपने बच्चों के नाम के साथ अलबत्ता उन्होंने 'बड़ोदेकर' उपनाम जोड़ना शुरू कर दिया। कोयलिया नाम से मशहूर हुई सुरीली गायिका हीराबाई बड़ोदेकर उर्फ चम्पूताई के नाम का रहस्य यही है। प्रौढ़ावस्था में ताराबाई तथा उस्ताद अलग हो गए थे गो' बच्चे माँ के ही साथ रहे और उन्होंने हिन्दू नाम रख लिये। हीराबाई ने नाटक कम्पनी भी खोली जिसमें उनके अलावा उनके भाई कृष्णराव मैनेजर थे। अन्य बेटियों में से कमलाबाई ने नाट्यसंगीत तथा सरस्वतीबाई राणे ने मराठी भावसंगीत में अच्छा नाम कमाया।

तबीयत से रूमानी संगीत-साधकों और राजदरबार की गायिकाओं-नर्तकियों की कई कहानियाँ संगीत-प्रेमियों के बीच कही-सुनी जाती रही हैं। किराना घराने के ही प्रसिद्ध बन्दे अली ख़ाँ बीनकार और इन्दौर महाराजा की रक्षिता चुन्नाबाई की प्रेम-कहानी भी उनमें से एक है। अपने गायन से महाराज को रिझाकर उस्ताद ने इनाम में उनसे उनकी हरम की रक्षिता सुन्दरी चुन्नाबाई (उर्फ चन्द्रभागा देवी) को माँग लिया और महाराज ने उदारता से दे भी दिया। चुन्नाबाई की राय पूछी गई हो, इस बाबत कोई विवरण खोजे से नहीं मिलता। बहरहाल उस्ताद ने चुन्नाबाई से विवाह कर लिया। पर विवाह-सुख अल्पकालीन ही रहा। चुन्ना को अकाल मृत्यु ने बन्दे अली से छीन लिया और कहते हैं तब बन्दे अली ख़ाँ ने अपनी बीन तोड़ दी और किराना घराने के लोगों द्वारा तंत्र वाद्य बजाने पर ही प्रतिबन्ध लगा दिया। बन्दे अली ख़ाँ से पहले बादशाह मुहम्मद शाह रंगीले के प्रिय कवि घनानन्द भी दरबार की सुन्दर नर्तकी सुजान पर इतने रीझे कि कहते हैं वे बादशाह की तरफ़ पीठ कर अपनी प्रेयसी की ओर मुँह किए गाने लगे थे। पर सुजान दुनियादार थी। सम्भवतः इसीलिए उसने पगलाए प्रेम के प्रतिदान की सोचने के बजाय अपने भविष्य को महफ़ूज़ रखने के लिए कवि महोदय की ढिठाई की बादशाह से शिकायत कर दी। इसका घनानन्द को दंड मिला। चोट खाए कवि ने तब दूसरे असफल प्रेमियों की तरह

भक्ति की राह गही और प्रेम की वही रसमय रचनात्मक धारा कृष्ण के प्रति मोड़ दी। कहते हैं सुजान के लिए लिखी उनकी कई रचनाएँ बादशाह के दरबारी गायक सदारंग ने गाईं, जो घनानन्द की कविता के बड़े पारखी थे। पर जहाँ सदारंग की नामयुक्त बन्दिशें ख़यालिए आज भी गाते हैं, घनानन्द की उन लुप्त प्रेम-कविताओं का कोई ब्योरा हमको नहीं मिलता।

कई बार संगीत की धुनी गायिकाएँ प्रेमवश नहीं, अपनी कला को और निखार पाने के लिए भी अपना तन-मन उन बड़े गुरुओं को निःसंकोच सौंप देती थीं जो सामान्यतः तवायफ़ों को विधिवत् तालीम देने से विरक्त रहते थे। जयपुर दरबार की गोरखीबाई नामक एक पंजाबी हिन्दू गायिका का क़िस्सा यही है। जब यह गायिका राजसभा के संगीत-पारखी रसिकों को प्रसन्न न कर सकी तो लोगों ने उसे राजदरबार के नामी गायक (रामदासी मल्हार के रचयिता रामदास जी के वंशज जो परिस्थितिवश मुसलमान हो गए थे) उस्ताद बहराम ख़ाँ की शिष्या बनने का सुझाव दिया। उस्ताद के आदेशानुसार उनको तन-मन-धन तीनों अर्पित कर बहराम ख़ाँ से गोरखीबाई ने अपना संगीत ख़ूब शानदार बनाया। गुरु की मौत के बाद उखड़कर वह पंजाब लौट गई। कम लोग जानते हैं कि इसी विलक्षण महिला ने ही कालान्तर में पटियाला घराने के दो प्रसिद्ध गायक उस्ताद अलीबख़्श तथा उस्ताद फ़तेहबख़्श (आलिया फत्ते) की जोड़ी अपने गुरु के सिखाए हुनर से तैयार की जिनसे स्पर्धा करने के सवाल पर वड़ोदरा दरबार के बड़े-बड़े गायक भी कान पकड़ लेते थे।

विलक्षण संगीतकार और गायक कई बार पल्ले सिरे के झक्की होते हैं, यह भी सर्वज्ञात सचाई है। 1860 के आस-पास की बनारस की एक पहलवान गायिका, जिसे स्थानीय लोग 'पगली रंडी' के नाम से पुकारते थे, उनमें से एक थीं। छह फुटा शरीर, बाल मुँड़े हुए, और परिधान में ढीला कुर्ता तथा लुंगी। रीवाँ के महाराजा विश्वनाथ सिंह उनको अपनी रियासत में ले गए थे जहाँ उन्हें सेनिया घराने के उस्ताद प्यार ख़ाँ, पखावजी कुदऊ महाराज सरीखे कलाकारों का सान्निध्य हासिल हुआ, जिन्होंने उनकी कला को दुर्लभ सान दी। बाद को पगली ने उस्ताद बड़े मुहम्मद ख़ाँ से भी गंडा बँधवाया, जो कहते हैं, इस सिरफिरी पगली पर अपने बेटों की ही तरह स्नेह बरसाते थे और उसकी शागिर्दी का महफ़िलों में सगर्व

ज़िक्र भी करते थे। ऐसे स्नेही गुरु और आश्रयदाता महाराज की मौत के बाद पगली वापस बनारस चली गई जहाँ उसने ख्यातनाम गायक उस्ताद हद्दू ख़ाँ से हाथ मिलाकर भरी महफ़िल में उनको पहलवानी या गायकी में पछाड़ने की चुनौती दे डाली थी। खेद है इस सनकी गायिका ने न कोई शागिर्द बनाए, न ही किसी ने उनसे सीखने का दुस्साहस किया। अपने विलक्षण गुरुओं से हासिल अपनी सांगीतिक मालूमात का भंडार यह विलक्षण गायिका अपने साथ ही ले गई।

संगीत के इसी उर्वर युग की अन्य श्रेष्ठ गायिका थीं रहीमनबाई जिनकी संगत कर उनके कई संगीतकारों ने संगीत का असली मर्म जाना और श्रेष्ठतर सारंगीनवाज़ तथा तबलानवाज़ बने। यह सभी गायिकाएँ ध्रुपद गायिकाएँ भी थीं जो ख़याल तथा उपशास्त्रीय संगीत की बड़ी जानकार तथा रचयिता भी मानी जाती थीं। ध्रुपद उस युग का पक्का गाना था और ख़याल-गायकी तब पर निकाल ही रही थी, फिर भी उसकी बढ़ती लोकप्रियता का मोल समझ कर इन तवायफ़ों ने कई बड़े उस्तादों के विपरीत इस नई विधा में प्रवीणता हासिल की और बहुत लोकप्रिय हुईं।

लोग कहते हैं कि समय बदलने के साथ ही ध्रुपद बनाम ख़याल या ख़याल बनाम उपशास्त्रीय संगीत या इन सभी गायन प्रकारों के सन्दर्भ में पेशेवर नाचने-गानेवालियों के महत्त्व को लेकर भारतीय राज-समाज के कई पूर्वग्रह आज ग़ायब हो चुके हैं। पर यह बात आंशिक तौर से ही सच है। गाने-बजानेवालों की जमात में व्यापक रूप से इन महिलाओं से संगीतकारों-वादकों के रिश्तों को लेकर एक शर्मभरी चुप्पी, राष्ट्रीय रेडियो कार्यक्रमों तथा बड़े नगरों के शिष्ट समाज की महफ़िलों में इन महिलाओं को देवी या बेगम के ख़िताब से विभूषित कर सादर सुने जाने के बाद भी, बहुत समय तक बनी रही। यह लेखिका गवाह है कि आज़ादी के दो दशक बाद तक कई बार ग्रीन रूम या कि ऑडिशन कक्ष में बड़े गुरु या उस्ताद लोग ही नहीं, संगीत के नए आश्रयदाता सेठ या अफ़सर भी, पेशेवर गायकी की पृष्ठभूमि से आई गायिकाओं से कैसा हिकारत भरा व्यवहार करते थे। इसी रुख़ की वजह से गायकों के बीच बड़े गुरुओं तथा घरानेदार उस्तादों के योगदान की तो कान की लबें छू-छूकर ख़ूब चर्चा होती है लेकिन इस बात पर लगातार मक्कर साधा जाता है कि हमारे मौजूदा शास्त्रीय गायन-वादन की

कितनी महत्त्वपूर्ण शैलियाँ, बन्दिशें और वैचारिक आधार इन तथाकथित पेशेवर तवायफ़ों के योगदान अथवा कलाकारों को लगातार दिए उनके उदार आश्रय के बिना, अपना आकार क़तई नहीं पा सकते थे। इसकी वजह से यदि गायिकाओं के नामोल्लेख कभी हुए भी तो उनकी रची बन्दिशों या गायकी में उनके जोड़े नए प्रयोगों की चर्चा ग़ायब रहती है।

नवाब दरगाहकुली ख़ाँ ने उन्नीसवीं सदी के पतनशील दिनों में शाहआलम युग के जाने-माने वाग्गेयकार सदारंग की दो पट्ट शिष्याओं धन्नाबाई और पन्नाबाई की चर्चा अपनी किताब में की है। धन्नाबाई न सिर्फ़ उत्तम गायिका थी, वह एक श्रेष्ठ शास्त्रज्ञ और वाग्गेयकार भी थी और उसने ख़ुद भी कई नए राग रचे थे। यह राग कौन से थे? वे बन्दिशें कैसी थीं? औरतों के मामले में प्रशंसा-कृपण हमारे राज-समाज ने इन सब ब्योरों को क़रीने से बचाकर उस तरह क्यों नहीं रखा, जिस तरह उसके गुरु सदारंग की रचनाओं को? यह सवाल आज तक अनुत्तरित ही है।

यह कहना भी झूठ ही होगा कि ये गायनजीवी महिलाएँ स्वार्थी और धनलोलुप होती थीं। अधिकतर बड़ी गायिकाओं में तबीयतन एक आध्यात्मिक रुझान होता है जो उनको रागदारी संगीत के मर्म से जोड़ता है। उन्नीसवीं सदी की अन्य बड़ी गायिका नूरबाई थी, जिसको वृन्दावनलाल वर्मा ने भी अपने एक उपन्यास (विराटा की पद्मिनी) में अपनी नायिका के रूप में लिया है। असाधारण रूपवती नूरबाई, सुनते हैं, आध्यात्मिक वृत्ति की महिला थी। एक महफ़िल में क्रूर हमलावर नादिरशाह उसका गायन सुनकर इस कदर रीझा कि वह ज़बर्दस्ती उठवाकर उसके हरम में रख ली गई। वहाँ उसका मन कैसे रमता? वह कोई सामान्य देह-व्यापारी तो थी नहीं। अन्ततः किसी तरह वहाँ से भागकर वह वृन्दावन चली गई और अन्त तक वहीं रही।

पूर्वी भारत में शहर बनारस उन्नीसवीं सदी में संगीतज्ञों का महातीर्थ बनकर उभरा। इस प्राचीन नगर की सांगीतिक शास्त्रीय विरासत को बनाने और सँजोने में काशी की पेशेवर गायिकाओं का अवदान हमेशा से बहुत बड़ा रहा है। उम्दा लोकसंगीत विधा में कई कजरी, दादरे और ठुमरियाँ तैयार करनेवाली बड़ी मैनाबाई, हुस्ना को तो तत्कालीन राजा प्रभुनारायण सिंह के दरबार का आश्रय प्राप्त था। मैना को राजा जी ने कुइरी की ज़मींदारी दी थी

और राजगायिका का ओहदा। उसी समय भारतेन्दु हरिश्चन्द्र के मित्र शहर के ही एक रसिक बच्चूबाबू ने तब की मशहूर गानोपजीवी महिलाओं को लेकर एक अष्टोत्तरी भी रची थी जिसका ज़िक्र जब-तब लोगबाग किया करते थे। इन्हीं गायिकाओं की जमात में कई घुटे हुए राजदरबारी पखावजियों को शर्मिन्दा कर उनका अहंकार तोड़नेवाली विलक्षण ध्रुपद धमार गायिका सरस्वतीबाई थीं जिन्होंने हस्सू ख़ाँ के शिष्य पं. सखाराम से शिक्षा ली थी। दूसरी तरफ़ गांधी जी की भक्त विद्याधरी देवी भी थीं जिन्होंने 1930 में गांधी के विदेशी बहिष्कार आन्दोलन में सक्रिय भूमिका निभाई और उनकी प्रेरणा से वेश्या संघ की स्थापना की जो स्वतंत्रता संग्रामियों को हर सम्भव मदद देता रहा।

पूर्वी भारत की एक अनन्य प्रतिभा थी गौहरजान जिस पर पहले बनारस और फिर कलकत्ता के रईस रसिकगण न्योछावर होते रहे। सौभाग्य से गौहर के जीवनकाल में रिकॉर्ड उद्योग का भारत में प्रवेश हो गया था। उसकी वजह से इस अनन्य गायिका के अनेक रिकॉर्ड हमको आज भी उपलब्ध हैं। आर्मीनियाई पिता और गायनोपजीवी माँ की औलाद गौहर की आन्दोलन-भरी जीवनी उस युगसन्धि-काल के राज-समाज के विभक्त मन और आत्मनिर्भर डेरेदार तवायफ़ों के शोषण की दारुण दास्तान है। तब का रसिक समाज इन गायिकाओं पर रुपया तो भरपूर लुटाता था किन्तु बड़ी से बड़ी पेशेवर गायिका को राज-समाज में न तो ब्याहता का दर्जा देता था और न ही सार्वजनिक रूप से कभी भी उनके प्रति सम्मानित पुरुष कलाकारों जैसा आदर-भरा व्यवहार दिखाता था, ख़ासकर तब जब उनकी गायकी और यौवन ढलाव पर आ जाएँ। प्रतिभा के साथ ही गौहर में एक दुर्लभ व्यावहारिकता भी थी। उसके कारण गायन तथा रिकॉर्डिंग उद्योग के शुरुआती दिनों वह एक प्रसिद्ध करोड़पति बनी जो अंग्रेज़ अफ़सरों से भी ठसक से मिलती-जुलती थी और जिसके पहरावे और ज़ेवरात तत्कालीन रानियों को मात देते थे। उसने अपनी पूँजी का निवेश ज़ायदाद ख़रीदने में किया जिसके पीछे कहीं न कहीं बचपन के बेसहारा दिनों में भोगी उसकी तथा उसकी माँ की ग़रीबी की यादें रही होंगी। गौहर की अनेक कोठियाँ कलकत्ता में थीं। पर दबंग होते हुए भी स्त्रियोचित नरमाई भी उसके दिल में बनी रही और जवानी में वह अपने कई विश्वस्त किन्तु क़तई नाकारा भाइयों तथा परिजनों पर पैसा तथा प्यार लुटाती

रही। बार–बार उनसे धोखा खाकर वह प्रौढ़ावस्था में अपनी उम्र से आधे एक पठान के प्रेम में पड़ी किन्तु वैवाहिक सुख उसके नसीब में न था। पति से कड़वाहट बढ़ी और दोनों अलग हुए पर पति की नज़र तो उसकी ज़ायदाद पर थी जो प्रेममय दिनों में उसने अपने नाम करा ली थी। होते–होते बात कचहरी तक गई और गौहर की वह शानदार विरासत और ज़ायदाद मुक़दमेबाज़ी के दौरान वकीलों की भेंट चढ़ गई। अपने अन्तिम दिनों में कटु और एकाकी बन गई यह महान गायिका लगभग अचर्चित हालात में दक्षिण भारत जाने को मजबूर हुई और वहीं दिवंगत हुई।

बनारस की ही ज़द्दनबाई (नरगिस की माँ), मेनकाबाई (शोभा गुर्टू की माँ) तथा सिद्धेश्वरी देवी (सविता देवी की माँ) इस मायने में अधिक भाग्यवान थीं। उन्होंने ख़ुद अपने वक़्त में बड़ा नाम कमाया और उनके बाद उनकी प्रतिभाशालिनी बेटियों ने। दोमुँहे भद्र समाज के विपरीत इन गायिकाओं की असन्दिग्ध प्रतिभा के कारण इन सभी का समसामयिक पुरुष गायक–वादकों के बीच गहरा सम्मान बना रहा, और वे अक्सर संगीत की बारीक़ियों पर चर्चा करते और जानकारियों का आदान–प्रदान करते थे। शहनाईनवाज़ उस्ताद बिस्मिल्लाह ख़ाँ भी अपने वाद्य में मुरकी, खटका मीड़ आदि ला सकने की अपनी सामर्थ्य का श्रेय तत्कालीन दो बनारसी गायिकाओं रसूलनबाई और बतूलनबाई को ही देते थे।

महाराष्ट्र की धरती बीसवीं सदी में उत्तम महिला गायिकाओं की अन्य रत्नप्रसू भूमि बनी। इनमें गोवा में जन्मी केसरबाई केरकर और मोघूबाई कुर्डीकर का नाम सबसे ऊपर है। जयपुर अतरौली परम्परा के जीनियस गुरु उस्ताद अल्लादिया ख़ाँ की ये दोनों शिष्याएँ रसिकों के गले का हार बनीं किन्तु अपनी–अपनी वजहों से उम्रदराज़ होने पर दोनों ने महफ़िली गायन छोड़ दिया। अलबत्ता मोघूबाई की सुपुत्री किशोरी अमोनकर आज भी घराने तथा अपनी माँ का नाम रोशन किए हुए हैं। किराना घराने के जीनियस उस्ताद अब्दुल करीम ख़ाँ की बेटियों में से हीराबाई बड़ोदेकर ने बहुत नाम कमाया और उनकी शिष्या डॉ. प्रभा अत्रे उनकी परम्परा आगे बढ़ा रही हैं। पं. भातखंडे ने अंजनीबाई मालपेकर को मुरादाबाद के नज़ीर ख़ाँ से शिक्षा दिलवाकर उनका प्यार से दिया नाम सोनचिरैया सार्थक किया। जून 2014 में केसरबाई की इकलौती शिष्या धोंदूताई कुलकर्णी भी जाती रहीं।

केसरबाई का अपनी पुत्री से संगीत-शिक्षा पर कभी मतैक्य न बन सका, लिहाज़ा उन्होंने अपनी इसी शिष्या पर अपनी गुरु-कृपा का हाथ रखा था। इन दोनों पर नमिता देवीदयाल ने अंग्रेज़ी में एक बहुचर्चित पुस्तक भी लिखी है, दि म्यूज़िक रूम (पेंगुइन इंडिया द्वारा प्रकाशित)। बिसरे नामों की फ़ेहरिस्त इनसे कहीं लम्बी है। बिहार में गया की ढेलाबाई को जिन्होंने सुना है उनके अचर्चित रह जाने पर अफ़सोस करते हैं। दिल्ली की बीबीजान का नाम भी लोग भूल चुके हैं जिन्होंने सितार के गुरु मसीत ख़ाँ से शिक्षा ली थी और जिनके घर से उस्ताद ने सितार का मशहूर मसीतखानी बाज़ तैयार किया। तबले तथा ढोल बजानेवाली छोटी जात की मानी जानेवाली उन प्रतिभावान डोमिनियों तथा मीरासिनों के नाम तो बिलकुल ही काल की धुन्ध में खो चुके हैं जो बड़ी तबीयत से गा-बजाकर हिन्दू तथा मुसलमान उपासना-स्थलों और त्योहारों, उत्सवों में रौनक़ पैदा करती रहीं।

आज पिछले दो सौ सालों की शास्त्रीय संगीत की दुनिया में आश्रयदाता परम्परा, हिन्दू-मुस्लिम समुदाय के अन्तरंग राग-विराग भरे रिश्तों, पारम्परिक गायकों तथा गायिकाओं की सामाजिक-आर्थिक स्थिति में भेद और सांगीतिक विरासत पाने-खोने के कई सूत्र इन गायिकाओं के निजी जीवन से निकली कथाएँ हमारे सामने उजागर करती हैं। असाधारण प्रतिभा, मेहनत, ख़ुद्दारी और प्रशंसा के साथ राज-समाज के दोमुँहे बर्ताव से उपजी खिन्नता और कड़वाहट को मिलाकर ही हमारी पिछली दो सदियों की उत्तर-भारतीय महिला गायिकाओं की जीवन-गाथा और प्रतिभा की शक्ल बनी है। शुरुआत में सभी गायिकाएँ अक्सर किसी न किसी बड़े महाराजा, नगर-सेठ या उस्ताद की रक्षिताएँ ही रही आईं जिनकी संचरण क्षमता सीमित लेकिन प्रतिभा और महत्त्वाकांक्षा असीमित थी। कुछ ने शादी कर घर-बार बसाया और भले घर की कुलवधू बनने की इच्छा के चलते संगीत से दूर हो रहीं। कई ने संगीतज्ञ पिता की विरासत थामी और बेवा होने के बाद लखनऊ के उस्ताद मोघू ख़ाँ की पत्नी की तरह ख़ुद गुमनाम बनी रहकर पति के मरणोपरान्त (बनारस के तबलावादक रामसहाय सरीखे) बड़ी उदारता से दूसरे सम्प्रदाय के कई नामी पुरुष शिष्य भी तैयार किए। लेकिन संगीतकार, वाग्गेयकार या अद्‌भुत रूप से उदार शिक्षक के रूप में उनका अवदान हमारा लगातार कट्‌टरपन्थी होता गया राज-

समाज अक्सर दरी तले ही सरकाता रहा है। लिहाज़ा इन महिलाओं के रचे संगीत या शिक्षण-पद्धति का कोई संकलन या उनको लेकर कोई व्यवस्थित जानकारी हमको नहीं मिलती। मिलते हैं तो उनके रूप, यौवन अथवा सनकी व्यवहार के चर्चे जो मुँह ही मुँह चले आए हैं।

बीसवीं सदी के तीसरे दशक तक कुछेक ऐतिहासिक घटनाओं ने संगीत को आम मध्यवर्गीय महिलाओं तक पहुँचाने में बहुत मदद की जिसके सुफल आज़ादी के बाद की पीढ़ियों ने भोगे हैं। पहली बात थी गांधी जी द्वारा महिलाओं से देश की आज़ादी के लिए घरों की चहारदीवारी से बाहर आकर उनके साथ जुड़ने का आह्वान। दूसरा तत्त्व था महाराष्ट्र, बंगाल और पंजाब के प्रार्थनासमाज, ब्राह्मसमाज और आर्यसमाज जैसे सुधारवादी आन्दोलन जो स्त्री-जागरण और स्त्री-शिक्षा को बढ़ावा देने के मुखर पक्षधर थे। जब देश में इस राष्ट्रप्रेमी सामाजिक आदर्शवाद की बयार चल पड़ी तो कुछेक सम्मानित घरों की महिलाओं को भी संगीत के क्षेत्र में अपनी प्रतिभा-प्रदर्शन का मौक़ा मिला। लोकगीतों में तो महिलाओं का लगाव पहले ही रहा था पर अब वे देशभक्ति के गानों को भी शब्द और स्वर देने लगीं। ब्राह्मसमाज के काम में जोड़ासाँको का टैगोर-परिवार अग्रणी था। देवेन्द्रनाथ टैगोर की बेटी स्वर्णकुमारी की बेटी सरलाकुमार इसी धारा की एक वाग्गेयकार थीं जिन्होंने कहते हैं, 'वन्दे मातरम्' के पहले दो पदों से इतर पदों की रचना रवीन्द्रनाथ के निर्देशन में तैयार की। कहते हैं कि जलियाँवाला बाग़ घटना के बाद उस पर लिखी उनकी एक रचना को सुनकर कवि कुलगुरु ने बर्तानिया सरकार से मिली 'नाइट' की उपाधि त्याग दी थी। पर दुर्भाग्यवश वह रचना अब अनुपलब्ध है। रवीन्द्रनाथ की ही भतीजी इन्द्राणीदेवी रवीन्द्र-संगीत गायन करती थीं। देशबन्धु चितरंजन दास की पुत्री और प. बंगाल के बड़े राजनेता सिद्धार्थ शंकर रे की माँ अपर्णादेवी कीर्तन पदावली की आधिकारिक गायिका बनीं और उन्होंने लड़कियों को इसकी तालीम देने को बृजमाधुरी संघ का गठन किया था। कालान्तर में इसी उदारवादी पृष्ठभूमि के बूते बंगाली मध्यवर्ग से आगरा घराने की दीपाली नाग ने उस्ताद बशीर ख़ाँ से, कंकना बनर्जी ने उस्ताद अमीर ख़ाँ से और सन्ध्या मुखर्जी ने टी. कानन, बड़े ग़ुलाम अली ख़ाँ साहिब तथा स्व. चिन्मय लाहिड़ी से संगीत-शिक्षा हासिल की और शीर्ष कलाकारों में शुमार हुईं।

चिन्मय लाहिड़ी ने ही आज की सुप्रसिद्ध गायिका परवीन सुलताना को भी शिक्षा दी थी।

आशा है, इस लेखिका का नादभेद का अपरम्पार रूप थाहने का यह सीमित-सा गुरुओं की पुण्य-स्मृति से प्रेरित उपक्रम आगे दूसरे संगीतप्रेमियों को हिन्दुस्तानी संगीत के इस अतल महोदधि से और भी रत्न निकालने को प्रेरित करेगा, ताकि संगीतप्रेमी, महिलाएँ तथा पुरुष इस अद्‌भुत कला में अपने पूर्ववर्ती गायकों के साथ उनकी समकालीन प्रतिभाशालिनी गायिकाओं के अवदान की बाबत भी साफ़-सुथरी और व्यवस्थित जानकारी पा सकें।

अनुक्रम

एक कठिन समय में गुरु-स्मरण

जया गुप्ता (लेखिका की गुरु)

इक्कीसवीं सदी का पहला दशक अब ख़त्म हो रहा है। पिछली सदी ने इनसान के मन में लोकतंत्र, कला और मीडिया के बारे में जो अनेक स्वप्न जगाए थे, आदर्श खड़े किए थे, वे एक हद तक धुँधला चले हैं। पर दूसरी तरफ़ पूरी दुनिया में राजनीतिक तथा आर्थिक क्षेत्रों में हो रही उथल-पुथल, सूचना-प्रसार तकनीकी की अभूतपूर्व तरक़्क़ी और विस्तार की कृपा से अकल्पनीय ग्लोबल गठजोड़, विकास के नए सपने और मंच भी तैयार कर रही है। घरेलू स्तर पर हमारे पास भले ही अपने लोकतंत्र को लेकर शिकायतों का एक पूरा टोकरा है, लेकिन भारतीय लोकतंत्र को तरक़्क़ी के लगभग हर पैमाने पर दुनिया से आज पहली बार अचकचा देने की हद तक आसक्ति और सराहना मिल रही है। इस तारीफ़ के उजास में नहाते हुए हम कई बार अपनी स्थिति के पुन:परीक्षण को मजबूर हो जाते हैं। क्या इतिहास के ताज़ा मन्थन से वाकई कोई कामधेनु या कल्पवृक्ष निकलकर हमारी धरती पर अवतरित हो गया है, या हमारी प्रगति के उजले आँकड़े एक मरीचिका भर हैं? क्या सचमुच हमारी नियति विकसित धड़े या पाकिस्तान जैसे पड़ोसी देशों की तुलना में सुखकर है या नई समृद्धि ने उसे अधिक जटिल और दुखद बना दिया है? जिस मायने में हमारे अभिभावकों की पीढ़ी हिन्दुस्तानियत पर नाज़ किया करती थी, उस मायने में हमारा जीवन किस हद तक हिन्दुस्तानी रह गया है?

ऐसे उलझे हुए सवालों के सपाट, सरल जवाब देना सम्भव नहीं, गो आज भी कई सरल-सपाट दिमाग़वालों को सिर्फ़ स्याह या सफेद में ही उत्तर चाहिए। विषय अगर 'अतिथि देवो भव' के विज्ञापनी पोस्टरों वाला भारत होता, तो शायद कुछ हद तक यह सम्भव था भी, मगर हम यहाँ ग्लोबल दुनिया के साथ गर्भनाल का रिश्ता बना चुके बहुधर्मी, बहुभाषाभाषी भारत को लेकर सोच-विचार कर रहे हैं। बर्लिन की दीवार से लेकर वाल स्ट्रीट के ढहने तक जो ज़बर्दस्त भूकम्प आए हैं, उन्होंने पूर्वी या पश्चिमी परम्परा के नाम पर कई मृत विचारों और औपचारिक भाषाओं को एक असहज बनानेवाले लिबास की तरह ओढ़ती आ रही दुनिया को हिलाकर रख दिया है। जो तनिक कसर रह गई थी, उसे इंटरनेट ने राजनीति या समाज की बड़े जतन से छिपाई गई विसंगतियों, पाखंडों पर से लगातार पर्दा उठाकर पूरा कर दिया है। बाज़ार से लेकर परिवार तक के स्तर पर ग्लोबलाइज़ेशन से हम हिन्दुस्तानी ख़ुशी-ख़ुशी भले ही न जुड़े हों, पर उसने सदियों (शायद आर्यों के आने के) बाद हम सबको लपेटे में लेकर अपने दामन में झाँकने और वक़्त के साथ बदलने का एक नायाब मौक़ा दिया है। और जब पूरी दुनिया पीड़ाजनक तरीक़े से भाषा, इतिहास और धर्म पर पुनर्विचार कर रही हो तो हम ही अपवाद कैसे बने रह सकते हैं?

आत्मसाक्षात्कार और आत्मपरीक्षण की ऐसी घड़ियों में उन प्रबुद्ध गुरुजनों की याद आनी स्वाभाविक ही नहीं, अनिवार्य भी है, जिन्होंने आज से कई बरस पहले सैकड़ों प्रश्नाकुल किशोर-मनों को भारतीय समन्वयवाद को नए सिरे से समझने

और उसके सन्दर्भ में लोकतंत्र पर सही सवाल पूछ पाने के लिए तर्क और जिज्ञासा के औज़ार थमाए थे। साठ के दशक में इलाहाबाद विश्वविद्यालय के अकादमिक परिसर में पूर्व और पश्चिम, वाम और दक्षिणपन्थी विचारधाराओं या अंग्रेज़ी और भारतीय भाषाओं के बीच आज जैसी विभाजक रेखाएँ नहीं खिंची हुई थीं। फ़िराक़ गोरखपुरी, विजयदेव नारायण साही और भारतीय साहित्य के जाने-माने आलोचक प्रकाशचन्द्र गुप्ता जैसे जाने-माने हिन्दी-उर्दू के लेखक तब अंग्रेज़ी विभाग से जुड़े हुए थे। जिनकी विदुषी पोती शुभा मुद्गल आज कुल का नाम रौशन कर रही हैं। प्रखर लोहियावादी साही दम्पती और प्रतिबद्ध मार्क्सवादी पी.सी. ही नहीं, युवतर गुरुजनों में (पी.सी. के बेटे और चर्चित क्रिकेट कमेंटेटर) स्कन्दगुप्त और पुत्रवधू जया गुप्ता—ये सभी उदारदृष्टि और संगीत-साहित्य वैश्विक ज्ञान परम्पराओं की गहरी समझ के साथ लगातार भारतीय पृष्ठभूमि से तुलनात्मक उदाहरण देते हुए भारतीय छात्रों को अंग्रेज़ी तथा अमेरिकी साहित्य पढ़ाते थे। जाने क्या पुण्य-कर्म किए होंगे हमने!

बहसधर्मी साही जी को हम छात्र लोग आपस में वी.डी.एन. बुलाते थे जो शायद उनके विलक्षण व्यक्तित्व और विशद ज्ञान से उपजे आतंक को कुछ कम करने का अवचेतन तरीक़ा था। साही जी इलाहाबाद में प्रगतिशील लेखक संघ की वैचारिक प्रतिद्वन्द्वी और हिन्दी की शीर्ष साहित्यिक संस्था 'परिमल' के संस्थापकों में से थे और दलित मज़दूरों, बुनकरों, किसानों के बीच रहकर उनके लिए उनके साथ काम करने विषयक कई किंवदन्तियाँ उनके बारे में कही-सुनी जाती थीं। जातिवाद, धर्मनिरपेक्षता और भारतीय राज-समाज के साथ कला तथा भाषा की चुनौतियों को लेकर वे जो लगातार उद्वेलित करनेवाले सवाल तब हमारे बीच उठाते रहते थे, वे बदलते वक़्त में बेहद प्रासंगिक हैं। अंग्रेज़ी के रोमांटिक आन्दोलन व भारतीय छायावाद का जो तुलनात्मक विवेचन उन्होंने हमारे आगे रखा, वह कई मूर्तियाँ तोड़ता था, और विश्व-साहित्य ही नहीं, उनको रचनेवाले समाजों तथा स्त्री की दशा के बदलाव की बाबत एक बिलकुल नई दृष्टि देता था। उनसे ही हम जान पाए कि लोकतंत्र में सचमुच की विचार-क्रान्ति नाटकीय भाषणों से नहीं, जटिल और पीड़ादायक समवेत सफ़र से उपजती है, कि परम्परा, संस्कृति, देशभक्ति जैसे विचारों को अनेक परतोंवाले हिन्दू-मुस्लिम रिश्तों और पश्चिम व भारत की बढ़ती जा रही क़रीबी के ऐतिहासिक सन्दर्भ जाने बिना, ठीक से समझना या लागू करना नामुमकिन होगा।

वैचारिक रूप से सतत विचलित करनेवाले साही जी की कक्षाओं की तुलना में शुभा मुद्गल की माता जया दी' की कक्षाओं में एक सहज चैन और संवादपरक सहजता थी। शायद उनसे अतिरिक्त लगाव की अन्य दो वजहें भी थीं, एक—उनका कलाओं, विशेषकर लोक-संगीत से गहरा जुड़ाव, और दो—अंग्रेज़ी-साहित्य पढ़ाते

हुए भारतीय लोक-साहित्य और लोक-कलाओं का भी तुलनात्मक और आनन्दमय विवेचन करते चलने की उनकी क्षमता। उन स्नातक कक्षाओं में कोर्स के अलावा साहित्य के सन्दर्भ में अंग्रेज़ी बनाम हिन्दी, मार्क्सवाद बनाम लोहियावाद, भोजपुरी बनाम पहाड़ी लोक-संगीत जैसे विषयों पर भी अनेक अन्तरंग बहसें सहज ही उपजती रहती थीं जिनमें शामिल होकर स्कूलों के अतिरिक्त रूप से अनुशासित माहौल से निकले मेरे जैसे छात्र देशज परम्परा और विदेशी साहित्य के आतंक से उबरकर कलाओं से अन्तरंग रूप से सहज ही परिचित हुए। बुनियादी दृष्टि का जब परिष्कार हुआ तो हम देख सके कि कोई लेखक अपनी कल्पना की सृष्टि नहीं होता। वह कहीं न कहीं अपने वक़्त व परिवेश की उपज भी होता है। यह भी जाना कि रचनात्मकता के लिए निरन्तर प्रयोग ज़रूरी हैं, पर नए बाहरी विचार या संगीत के प्रारूप कितने ही स्मार्ट क्यों न माने जा रहे हों, ख़ुद कलाकार द्वारा अपनी कला, अपने परिवेश में ईमानदारी से आत्मसात् किए बिना, थोपे नहीं जा सकते। यदि यह किया जाए, तो रचनाकार अपने देश और ख़ुद अपने लिए भी अक्सर अजनबी-अप्रासंगिक हो जाता है।

अवकाश-प्राप्ति के कुछ ही समय बाद अपने पति की आकस्मिक मृत्यु के धक्के से उबरकर जया दी ने उत्तराखंड के सुदूर अंचल में नौकुचियाताल को अपना नया घर बना लिया था। वहाँ गाँव की औरतों के बीच रच-बसकर लोक-कलारूपों के संकलन और शोध का रचनात्मक काम उन्होंने जारी रखा। अलग-अलग अवसरों पर गाए जानेवाले स्थानीय लोकगीतों का उनके पास दुर्लभ संकलन था, फिर वे स्थानीय अल्पना कला की ओर मुड़ीं। अक्सर गोबर से लिपे फ़र्श पर किए जानेवाले इन पारम्परिक रेखांकनों का मूल स्वरूप बदले बिना उन्होंने उन अनपढ़ महिलाओं को आधुनिक घरों के लिए सजावटी मिट्टी और काठ के पात्रों पर उन प्रतीकों को आँकने का सोदाहरण सुझाव दिया, ताकि उनकी बिक्री से वे एक नियमित अतिरिक्त आय पा सकें। यह काम भी उनका जीवन्त स्पर्श पाकर चल निकला। दिल्ली हाट में अचानक उनसे मुलाक़ात हुई तो वे साग्रह अपनी महिला कलाकारों की कलाकृतियाँ देखने को खींच ले गईं। सचमुच दर्शनीय संकलन था। आख़िर हाथ में चार रुपए होंगे, उन्होंने समझाया, तभी तो आज़ादी का मतलब बनेगा न, वरना पराश्रयी को आज़ादी क्या और क़ैद क्या!

अभी लम्बे प्रवास से लौटकर पता चला कि जया दी' नहीं रहीं, पर उनकी यशस्वी बेटियाँ—जानी-मानी गायिका शुभा मुद्गल तथा रागिनी—अपने परिवार की विविधतामय रचनात्मक विरासत को जिस ख़ूबी से बढ़ा रही हैं, उसे देखकर लगता है कि परम्परा और प्रयोगधर्मिता का असली मर्म छूकर, राज-समाज और विचारों की दुनिया में नए-पुराने के बीच सार्थक समन्वय बिठानेवाले लोग अभी भी हैं, और ख़ूब सक्रिय हैं।

ध्वनियों के लोक में

बेगम अख़्तर

इस लेखिका के पास समय-समय पर कुछ पाठकों के इस आशय के ख़त आते हैं कि महोदया, आप अक्सर कठिन विषयों पर लिखती हैं। तिस पर आपकी भाषा भी आसानी से समझ में नहीं आती। दो-तीन बार हर लेख को पढ़ना पड़ता है। कृपया सामान्य भाषायी ज्ञान रखनेवालों के लिए आसान लफ़्ज़ों में अपने विचार सामने रखें, आदि। फास्ट कम्युनिकेशन और फास्ट कारों के युग में कुछ युवा पाठकों की साहित्यिक भूख भी फास्ट फूड ही चाहती है, यह तो समझ में आता है लेकिन मानसिक अथवा शारीरिक क्षमता बढ़ानेवाले पौष्टिक आहार खाने-पचाने में लगनेवाली मशक़्क़त और पाचनशक्ति बढ़ाने की ज़रूरत को टालकर लगातार पका-पकाया फास्ट फूड खाते जाने के कई ख़तरे होते हैं। एक बड़ा ख़तरा यह है कि नेट, विकीपीडिया और त्वरित अनुवाद सरीखी सुविधाओं के बावजूद मानसिक आलस से ग्रस्त पाठकों का जीवन-अनुभव और भाषा-ज्ञान बढ़ने की बजाय सिमटने लगता है। तब शुरू होती है यह माँग कि हमको सब उतना ही दिया जाए जिसे हम चटपट खा-पचा सकें। हमारे सीमित शब्दज्ञान या सोच को लेखन कोई चुनौती न दे। क्या यह तर्कसंगत है ? बात तो हम करते हैं कि हिन्दी भी हर तरह के ज्ञान की वाहक, अंग्रेज़ी सरीखी समृद्ध और बौद्धिकों में आदरणीय भाषा बने, लेकिन यह भी चाहते हैं कि कुल चारेक सौ शब्दों में हमारा निजी पठन-पाठन चल जाए। जो हम पढ़ें, उसमें न तो अन्य भाषाओं से शब्द जुड़ें और न ही नए शब्दों से हमारा सामना हो।

यह साबित करने के लिए बहुत मेहनत नहीं करनी होगी कि विचार और जीवन, दोनों स्तरों पर आज के भारत में हर आदमी जीवन में एक से अधिक जटिल परिवेशों से जूझता है। अगर जीवन ही सरल नहीं, तो क्या एक सीमित चिर-परिचित शब्दावली में पुरानी स्थापनाओं का हवाला देकर उसकी कोई भी आधुनिक व्याख्या करना सम्भव है ? युग की हर नई करवट को समझने और समझाने के लिए लेखक को कई गहराइयों में पैठना होता है, वहाँ से मिली जानकारियों को अभिव्यक्त करने के लिए तमाम नए शब्द और अवधारणाएँ तलाशनी पड़ती हैं। इसलिए लेखक से माँग करना कि वह लगातार नया भी देता रहे, पर वह सभी तरह के पाठकों के लिए सरलता से ग्राह्य हो, ग़लत है। यह एक तरफ़ तो अपने समय की पेचीदगी और बौद्धिक चुनौतियों से पलायन करना है, दूसरी तरफ़ लेखकों को लोकप्रियता का लालच देकर उनसे युग के कठोर सत्य को भी यथास्थितिवादी यानी मधुर और चुनौतीविहीन बनाकर पेश करने को उकसाना है।

अखिल भारतीय मंच को कुछ देर के लिए छोड़कर हम अगर सिर्फ़ हिन्दी समाज और साहित्य की ही बात करें, तो हम पाएँगे कि हिन्दी-पट्टी भी हर जगह एक ही वर्ग की दुनिया नहीं, जहाँ एक ही तरह की हिन्दी बोली और लिखी जा रही है। भाषा हो या समाज या कि सिनेमा, हिन्दी क्षेत्र में आज हर जगह विविधता है। एक तरफ़ बड़े शहरों में विश्वविद्यालयों में साहित्य पढ़ानेवालों की मध्यवर्गीय

अकादमिक जमात, शहरी छात्रों की दुनिया और मल्टीप्लेक्स की संस्कृति है, तो दूसरी तरफ़ पहली बार पाठशाला में छात्र बनकर प्रवेश करनेवाले पहली पीढ़ी के ग्रामीण और अर्द्धग्रामीण नवसाक्षर किशोरों की जमात और पुराने सलीमा हालों का माहौल। पर समाजवाद की एक मूर्ख समझ के चलते यहाँ अभी भी आधुनिक भारत पर लिखना-पढ़ना एक इलीट कर्म माना जाता है और संगीत एक हॉबी। लिहाज़ा लेखकों-गायकों पर यह ज़िम्मेदारी भी डाल दी जाती है कि वे हिन्दी-समाज के हर वर्ग के लोगों के लिए साहित्य, नए सिनेमा, अर्थमय डॉक्यूमेंटरी और साहित्य के लिए सहज ग्राह्य हों, वरना वे कालजयी नहीं माने जा सकते। किसी ऐसे समाज में, जो वर्ग और मातृभाषा को लेकर हिन्दी-पट्टी जितना बँटा हुआ और उदासीन है, समाज में नई कला और साहित्य के लिए पारखी नज़र और कुतूहल पैदा करने का काम सिर्फ़ साहित्यकार और कलाकार नहीं कर सकते। ख़ुद उस समाज को भी इस बारे में स्कूली पाठ्यक्रम से लेकर वाचनालयों तक की सूक्ष्म निगरानी करनी होगी।

यह भी याद रखने लायक़ है कि भाषा में प्राण का संचार सिर्फ़ शब्दों और व्याकरण की समझ से ही नहीं होता। हमारे ग्रन्थकारों के अनुसार शब्द के भी दो अंग होते हैं, वर्ण (यानी अक्षरों से बने शब्द का ठोस ढाँचा) और ध्वनि (उच्चरित शब्द का नाद)। हिन्दी-पट्टी के भक्त कवियों ने भाषा के भीतरी सांगीतिक तत्त्व को बहुत सहजता से समझा और अपनी आज भी सहज-गेय कविताओं के माध्यम से समझाया है। इन कविताओं में लोकलय से भरपूर हिन्दी-पट्टी की बोलियों : अवधी, ब्रज, मगही और भोजपुरी से वे तत्त्व भरती हैं जो उस समय की बौद्धिकता तथा प्रशासकीय दबदबे की प्रतीक ठसक भरी दो बड़ी क्लासिकी भाषाओं—संस्कृत और फ़ारसी—के लिए करना असम्भव था। जनसामान्य के लिए सुगमबोध और मनुष्य की आन्तरिकता को शब्द देने से हिन्दी की शब्द-सम्पदा में ही इज़ाफ़ा नहीं हुआ, उन्नीसवीं सदी में जब शास्त्रीय गायकी की गंगा-जमुनी ख़याल-परम्परा बन रही थी, तो उसकी बन्दिशों और छन्दों के अनेक प्रकार वाग्गेयकारों को सहजता से मिलने लगे। शास्त्रीय तथा उपशास्त्रीय दोनों तरह के गायन का इससे बहुत कल्याण हुआ। अमीर ख़ुसरो, जायसी, सूर, तुलसी, मीरा, कबीर और नानक सरीखे सन्त कवियों-सूफ़ियों की कृपा से जब उत्तर भारत की तमाम जनभाषाएँ लगातार सभी वर्गों के भीतर मौजूद आध्यात्मिक जिज्ञासा और कला-प्रेम को तृप्त करने के लिए इस्तेमाल की जाने लगती हैं तो उनकी शब्द-सम्पदा ही नहीं बढ़ती, परिचित शब्द भी दूसरी-तीसरी भाषाओं को टटोलते हुए उनसे जुड़कर नए-नए अर्थ देने लगते हैं। जब सूफ़ी सन्त 'जायसी' कहते हैं :

सेवरा खेवरा वानपरस्ती सिध साधक अवधूत।
आसन मारि बैठ सब जारि आतमा भूत॥

तो जनभाषा अवधी में कही ये पंक्तियाँ आज भी वह आत्मज्ञान की धारा दिखाने लगती हैं जिसके तट पर सिद्धासन में बैठकर न जाने कितने मध्यकालीन अवधूत सूफ़ी और भारतीय सन्तों ने एक साथ आत्मज्ञान से साक्षात्कार किया था। इसी ज्ञान की प्रेरणा से अमीर ख़ुसरो ने रागदारी संगीत में आज भी गाई जा रही राग गूजरी तोड़ी की यह बन्दिश लिखी थी :

मन के पंछी बावरे कैसी बीन बजाई साँवरे?
तार-तार की तान सुनावे झूम रहीं सब मन की डलियाँ
पीर निज़ामी बीन बजावे 'ख़ुसरो' सब मिलि गाओ॥

बहुतों को यह जानकर अचरज होगा कि जीवन की जटिलता और धर्मों के आर-पार मिलकर गाते हुए भाषा तथा कला के सहज संचरण-क्षमता की गहरी पहचान हमारे यहाँ ईसा की पहली सोलह सदियों तक थी। लेकिन जब राजनीतिक और बौद्धिक पराभव की सदियों में सरलीकरण और साम्प्रदायिक तनाव फैलने लगा तब अलग-अलग धार्मिक अस्मिता की खोज लेखन ही नहीं, गायन को भी या तो परीलोक में उड़ा ले गई या परलोक में। हिन्दी-पट्टी का सारा समाज मूल ग्रन्थों के बजाय सरल टीकाओं और कुंजियों का आदी होता गया। और सन्तों-सूफ़ियों की दी गई जन-हृदय के परिष्कार की मिली-जुली परम्परा की कुंजी कट्टरपन्थियों ने किसी खन्दक में फिंकवा दी। आज बार-बार शिकायती सुरों में कहा जाता है कि सरल लोकप्रिय लेखन अब कहाँ रह गया? सरल मर्म को सहज छूनेवाले गायक तो कब के गुज़र गए, आदि। इस सन्दर्भ में पढ़े-लिखों द्वारा सरलपने का एक समान्तर अंग्रेज़ी शब्द अक्सर बोला जाता है 'सिम्पल' (शादी-ब्याह के इश्तहारों में यह 'होमली' (घरेलू) शब्द के साथ उसका पर्याय बनाकर लिखा जाता है), जिसका सीधा मतलब है निरीह या गाय जैसा लेखक-कलाकार जो चालू प्रथाओं के विरुद्ध सर उठाकर जिरह या दिमाग़ को चुनौती देनेवाली भाषा या स्वरों के प्रयोग का आग्रह न पाले। हम साहित्यकारों ही नहीं, अपने बड़े गायकों से भी इसी सरलीकरण की उम्मीद पालते रहते हैं। पर जैसा कि ठहरी हुई शास्त्रीय गायन-परम्परा के प्रति विद्रोही स्वर उठानेवाले गायक कुमार गन्धर्व का कहना था कि चाहकर भी एक हद से अधिक आधुनिकता का सरलीकरण नहीं किया जा सकता। उसमें मैं अपनी तरफ़ से जोड़ दूँ कि हर नई किताब को पिटी-पिटाई शैली में 'उत्तम छपाई से युक्त और माँ-बहनों के हाथ में देने लायक़' मानना भी मूर्खता ही है। सहज लोकप्रियता के लालच में या राजनीति अथवा बाबूशाही में अपने पद का लाभ उठाकर मँझोली प्रतिभा वाले लेखकों-गायकों द्वारा किया कला का सरलीकरण इन दिनों युग के सटीक चित्रण, मध्यवर्ग के अपराध-बोध और अनुभूति के तीखे दबावों को सर्जनात्मक रूप दिए जाने से रोक रहा है। जैसा कि बिकता हो, वैसा ही गाने-बजाने या

लिखकर देनेवालों को भले लाख पुरस्कार से नवाज़ा जाए पर उस कला–प्रस्तुति को समय की धरोहर और सपाट सामान्यीकरण मान लेना आत्मघाती है।

जो कलाकार अपने युग को परम्परा से जोड़कर उसके रूप में आए बदलाव को साफ़ रेखांकित करते हुए जनभाषा में कला–प्रेमियों तक ले जाने का ख़तरा उठाता है, वह इतिहास और संस्कृति के चालू अर्थों से कहीं आगे चला जाता है। इसलिए कि वह समझौतापरस्ती का विरोध, अप्रिय सत्य का नकार, अपने आप पर हँसने और अपनी ही तरह कभी–कभार जनता की कठोर आलोचना करने का काम ईमानदारी से कर सकता है। उसके कृतित्व की गहराई समझने के लिए कला–प्रेमियों को भी अगर मेहनत करनी पड़े तो बुरा क्या है?

ख़याल-गायकी की दुनिया : राग-विराग

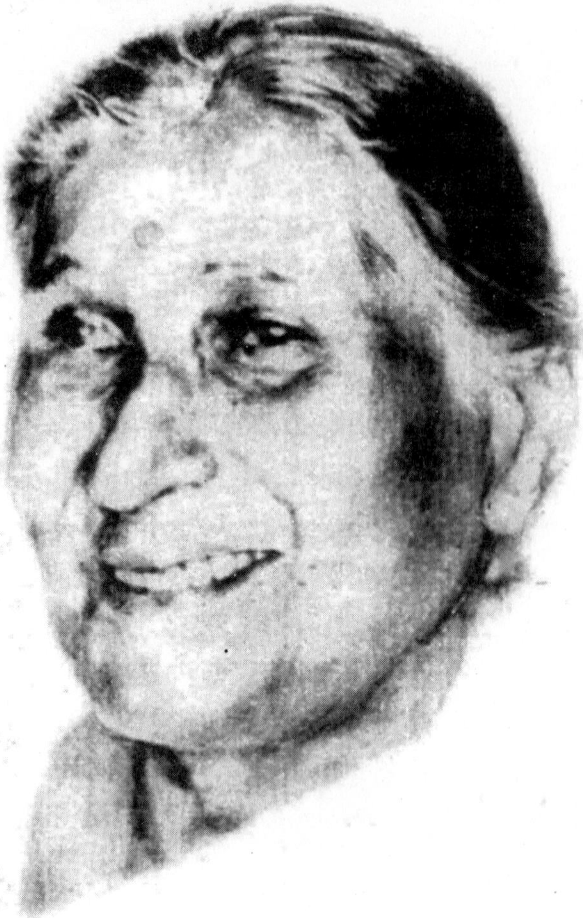

मेघुबाई

आज ख़याल-गायकी परम्परा की समृद्ध विरासत को देखते हुए यक़ीन करना मुश्किल है कि इसका ठोस इतिहास अढ़ाई सौ बरस का ही है। ख़याल की पूर्ववर्ती गायनशैली ध्रुपद की बादशाहत अठारहवीं सदी के अन्त तक क़ायम थी। और पुराने संगीत-प्रेमी, जो चैनदार भक्तिरस में पगी ध्रुपद-गायकी सुनते बड़े हुए थे, उनमें से कई लोग ख़याल-गायकी और प्रसिद्ध ख़यालियों को ध्रुपदियों की तुलना में कुछ दोयम दर्जे का संगीतकार मानते थे। पुराने-नए के बीच यह तुलना और बड़े-बूढ़ों का युवाओं की रुचि में आए बदलाव की निन्दा करना और 'अहा, हमारा ज़माना कितना अच्छा था' कहकर नए चलन को ख़ारिज कर पुराने को तवज्जो देना भारत में हर युग में होता आया है। लिहाज़ा उन्नीसवीं सदी की शुरुआत में भी ध्रुपद-गायकी के बरक्स नई उभरती ख़याल-गायकी को उसकी बढ़ती लोकप्रियता के बावजूद कमतर माननेवाले कई थे। आज़ादी के तुरत बाद जनमी हमारी पीढ़ी को भी उत्तर-ध्रुपद-युग में अपने ख़याल-प्रेम को लेकर बूढ़ों द्वारा टोके गए बुज़ुर्गवारों की पीढ़ी से बार-बार सुनना होता था कि 'आय, हाय, वह घंटों चलनेवाली पुरानी विलम्बित ख़याल-गायकी जाने क्यों लुप्त होती जा रही है! अब तो तिलवाड़ा, झूमरा और विलम्बित तीन ताल के ख़याल सुनने को नहीं मिलते। रेडियो पर छोटी-छोटी प्रस्तुतियों के ही लिए जगह है। हमारे ज़माने की चैनदार गायकी तुम सभागार में हज़ारों के साथ बैठकर माइक पर गाए दो घंटे के कार्यक्रम सुननेवाले क्या जानो, असल गायकी क्या थी!' पुरातन के चिर प्रशंसकों को रेडियो पर उपशास्त्रीय संगीत की ठुमरी, चैती, दादरा या टप्पा सरीखी अपेक्षया चंचल विधाओं को ख़याल-गायकी के समतुल्य बनाकर पेश करने से भी खीज होती रही। मज़े की बात यह कि ख़ुद भी उपशास्त्रीय संगीत की मलिकाओं : बेगम अख़्तर, जानकीबाई, जद्दनबाई, गौहरजान वग़ैरह को ख़ूब सुनने-सराहने के बावजूद हमारे बुज़ुर्ग ख़याल-गायकी की तुलना में इस गायन-शैली को अपेक्षया हल्का मानने का आग्रह नहीं त्याग पाते थे। और शायद उनकी स्नॉबरी का दबाव गिरिजा देवी सरीखी अप्रतिम उपशास्त्रीय संगीत की शीर्ष कलाकार को आज भी अक्सर अपने गायन की शुरुआत ख़याल से ही करने को बाध्य करता है, जबकि उनके तमाम प्रशंसक दिल थामे इन्तज़ार करते रहते हैं कि वे कब ख़याल का समापन कर अपने रससिद्ध बाज़ पर वापस आकर कोई रसीली ठुमरी छेड़ती हैं। भारतीय मन की पेचीदा गुत्थियों में से एक यह पीढ़ियों के टेस्ट के बीच का सनातन विभाजन भी बना रहेगा। कभी-कभार यह लेखिका भी उस ग्रन्थि की शिकार होकर अपनी बेटियों से कहती है, यू ट्यूब पर डाली पन्द्रह मिनट की गायकी से तुम क्या जानोगी कि हमारे ज़माने में...वग़ैरह। ख़ैर!

बन्दिशों और रागदारी की चर्चा चली है तो दो और बातों पर भी जानकारी साझा करने की तबीयत होती है जो अक्सर छूट जाती हैं। पहली—ख़याल-गायकी

एकाधिक सभ्यताओं के कलात्मक संकरण की उपज है और उसके मूल में आज भी मध्य एशिया, ख़ासकर ईरान की थाट पद्धति के डी. एन. ए. मौजूद हैं। दो—कुछ सांस्कृतिक और जातिगत पूर्वग्रहों के चलते अनजाने में ही सही, हमारे संगीत के प्रेमी और शास्त्रकार शास्त्रीय संगीत पर हमारे विभिन्न क्षेत्रों के लोकसंगीत, उसके प्राय: दलित-पिछड़े गायकों-वादकों तथा मुसलमान संगीतकारों के महती योगदान को कमतर कर आँकते रहे हैं। इसका कुछ श्रेय अंग्रेज़ों की पोसी उस भेदभाव-परस्ती को भी जाता है जिसने प्रशासन से लेकर भारतीय संस्कृति के इतिहास-लेखन तक हमारी संस्कृति के सहज समन्वयकारी मूल को लगातार हिन्दू सवर्ण-अवर्ण और मुसलमान इलीट तथा पसमांदा वर्गों के ख़ाँचों में बाँटकर देखा और दिखाया। संगीत के क्षेत्र में इसका सबसे बड़ा उदाहरण 1784 में लिखा यूरोप के जाने-माने भारतविशेषज्ञ (इंडॉलॉजिस्ट) सर विलियम जोंस का भारत के शास्त्रीय संगीत के इतिहास पर छपा प्रसिद्ध लेख (ऑन द म्यूज़िकल मोड्स ऑफ़ द हिन्दूज़) है। इसके अनुसार भारत के शास्त्रीय संगीत का स्रोत और मर्म सिर्फ़ हिन्दू धर्म और वेदों में ही निहित है। यह वह युग था जब अपने से क़तई भिन्न देशों को पश्चिमी सभ्यता समझने को आतुर थी। लेकिन शोध के दौरान पश्चिमी विशेषज्ञ पूर्व के ज्ञान और कला-रूपों को जबरन अपनी तरफ़ की ज्ञात कोटियों में ही रखकर परखने और निष्कर्ष निकालने का मोह नहीं त्याग पाए। सर जोंस के अनुसार विलायत की ही तरह देशों का शास्त्रीय संगीत तीन खम्भों पर टिका होता है—स्वरलिपि लेखन, राष्ट्र की मूल अवधारणा और धर्म। इस कसौटी पर उनके अनुसार भारत का संगीत अपनी आत्मा में मूलत: हिन्दू तथा हिन्दू-धर्माधारित साबित होता है। यह उल्लेखनीय है कि जोंस महाशय ने उस समय के जीवन्त संगीत पर लिखने से पहले उसकी कोई चर्चा उसके तत्कालीन प्रामाणिक साधकों के साथ बैठकर नहीं की। और उस आलेख की केन्द्रीय स्थापनाएँ संगीत के पुरातन इतिहास से जुड़े पुराने संस्कृत ग्रन्थों (दामोदर कृत संगीत दर्पण, अहोबल रचित संगीत पारिजात और अहोबल लिखित रागविबोध) के आधार पर ही रच ली गईं। शोध के बुनियादी सिद्धान्त की इस अनदेखी से अंग्रेज़ी ज्ञान से आतंकित हो चले हमारे रईस भारतीय रसिकों के बीच भी यह धारणा बलवती होती चली गई कि हमारा शास्त्रीय संगीत मात्र हिन्दू अस्मिता लिये है। साफ़ दीखती, सुनाई देती संगीत-प्रस्तुतियों की सचाई सिरे से उपेक्षित कर दी गई जो आज की गायकी का भी आधार है। क्या हम आज के संगीत की गहराइयों तथा सम्भावनाओं की आधारशिला रचने के लिए डी.वी. पलुस्कर, रविशंकर या भास्कर बुवा बखले के साथ मैहर के बाबा अलाउद्दीन ख़ाँ, अल्लादिया ख़ाँ, रज़ब अली ख़ाँ और फ़ैयाज़ ख़ाँ साहिब सबके समान ऋणी नहीं? मध्यकालीन स्थापत्य या हस्तकलाओं की ही तरह ध्रुपद से लेकर ख़याल, कौल तराना, क़व्वाली, टप्पा और ठुमरी गायन तक भारतीय संगीत भी इस्लामी

और भारतीय संस्कृति के परस्पर सम्मिश्रण की एक बहुत स्वस्थ, सहज और लम्बी परम्परा से बना है। इसके परस्पर गुँथे धागों को अलग कर देखने की चेष्टा वैसी ही है जैसे कि टुंडे के कबाबों या चाँदनी चौक की जलेबियों की केमिकल एनालिसिस की धृष्टता!

संगीत के यह उस्ताद तथा गुरु राजनीति से हमेशा दूर रहे। यह सायास नहीं हुआ पर कलाकारों को उस तरह की कुटिल उठापटक फ़ितरतन नापसन्द थी। जब बँटवारा हुआ तब उस माहौल में भी एकाध को छोड़कर अधिकतर मुसलमान गायक-गायिकाएँ हिन्दुस्तान छोड़ने को राज़ी नहीं हुए। जो गए, उनमें से भी रोशनआरा बेगम या मेंहदी अली सरीखे कलाकार जब-जब भारत आते तो यह स्वीकार करते कि यहाँ 'अपनों' के बीच गाने-बजाने का मज़ा ही कुछ और है। इन दिनों कुछ लोगों का फैलाया प्रवाद कि पंडित फलाँ या फलाँ का गाना प्योर हिन्दू था क्योंकि उनके गुरु हिन्दू थे, सचाई के चलते पल्ले दर्जे का कपटी झूठ ही कहा जाएगा। ओट से भास्कर बुवा का गाना सुनते रहमत ख़ाँ ने पूछा था—भई वाह, इतना बढ़िया कौन गा रहा है? बताए जाने पर कि पंडत है, उस्ताद ने कहा, 'यह न पंडत का गाना है, न उस्ताद का, यह है असल हड्डी का गाना!' फ़ैयाज़ ख़ाँ के हिन्दू शिष्य दिलीप चन्द बेदी ने जब गुरु को लोकमान्य तिलक की गीता समझाई तो उन्होंने कहा, 'दिलीपचन्दर, हमने तुमको गाना सिखाया पर तुमने हमको अक़ल की बात सिखाई।...हम तो बचपन से सिर्फ़ देवता मानकर श्री किशन जी के नाम गाते रहे हैं।'

अपने समय की भारतीय गायकी के असली स्वरूपों से दूर बैठे लायब्रेरियों में सन्दर्भ खोजते जनाब विलियम जोंस भारतीय जन-मन की यह गहराई नहीं समझे। यह भी नहीं देख सके कि वस्तुतः संस्कृत के प्राचीन सन्दर्भ-ग्रन्थों की भाषा ही नहीं, उनमें उल्लिखित सदियों पहले की उस गायकी के स्वरूप तथा उनमें वर्णित रागों के कई प्रकार अठारहवीं सदी तक चलन से एकदम ऐसे ग़ायब हो चुके थे कि जोंस साहिब यदि सचमुच जाकर पूछताछ करते तो पाते कि दूर की हाँकनेवाले उनके समकालीन बड़े-बड़े भारतीय विद्वान भी ग्राम-जाति गायन का जीवन्त रूप सोदाहरण समझाने में असमर्थ थे। दरअसल जोंस का वह पूरा लेख ही भारत के पुरातन इतिहास और उसकी मानवशास्त्रीय जड़ों को समझने और उसे हिन्दुत्व-प्रधान बनाकर समाज में भेदकारी मानसिकता का आगाज़ करने के लक्ष्य से अधिक लिखा गया था, तत्कालीन लोकप्रिय गायकी को लिपिबद्ध कराने या समझाने के लिए कम। रसिक परिपक्व संगीत-प्रेमी विद्वान की तरह संगीत सुनकर उस पर लिखने की बजाय उन्होंने अपने तथ्य तथा निष्कर्ष एक नृवंशशास्त्रीय इतिहासकार के नज़रिए से दिए हैं। फिर भी चूँकि औपनिवेशिक काल में अंग्रेज़ राजदरबारों से लेकर सेना तक में चोटी के रोल में आ गए थे लिहाज़ा सर जोंस और भारतीयता पर उनकी राय को लेकर विलायत आश्वस्त था। और यह राय ब्रिटेन व यूरोप ही नहीं,

कालान्तर में घोर विलायत-परस्त बन गए भारत के सम्मानित अकादमिक क्षेत्रों में भी भ्रामक व अपूर्ण होने के बावजूद सहज और व्यापक तौर से स्वीकृत हुई। जिसे कहते हैं कि ज़बर्दस्त का ठेंगा सर पर! अंग्रेज़ियत से अभिभूत होते जा रहे उनके ताबेदार भारतीय सामन्तों तथा संरक्षकों ने भी बिना प्रश्न किए इन धारणाओं को ग्रहण कर लिया जिसके संगीतकारों के संरक्षण और उनके प्रति तत्कालीन सामन्ती राज-समाज के नज़रिए पर गहरे परिणाम बाद तक दिखाई दिए।

यह बात सही है कि भारतीय हो या पश्चिमी, संगीत हर कहीं गहरे से एक आध्यात्मिक अनुभव होता है। लेकिन यह अनुभव यदि सीमित अर्थों में धर्म विशेष की छवि या भाषा से उपजा हो तो भी मर्मी श्रोताओं की आत्मा पर उसका अन्तिम असर आध्यात्मिक व भावनात्मक स्तर पर होता है, तर्क और धर्म के स्तर पर नहीं। बेगम अख़्तर की सोज़ख़्वानी सुनकर महफ़िलों में हिन्दू भी रोते थे और पं. ओंकारनाथ ठाकुर या भास्कर बुवा बखले का गायन आज भी पुरानी रिकॉर्डिंग की मार्फ़त हर कहीं मुसलमान श्रोताओं की आँखें भी गीली करता था। और यही वजह है कि निजी जीवन में धार्मिक रवायतों पर चलनेवाले मुस्लिम वाग्गेयकारों ने कई बार कृष्ण की लीलाओं पर या शिव की स्तुति में विलक्षण रचनाएँ की हैं, जैसे राग झिंझोटी की अमानत ख़ाँ साहिब की बन्दिश :

पति देवन महादेव शिवशंभो, एक कर राख्यो त्रिशूल एक डमरू।

ध्रुपद की बादशाहत रातोंरात ग़ायब नहीं हुई। होती भी क्यों, उसकी गहराई, उसकी मर्मस्पर्शी आलापचारी और मनोहर रागोद्घाटन आज भी मन मोहते हैं। लेकिन इतिहास क्रम में संगीत के रूपाकारों का नक़्शा नई पीढ़ी के श्रोताओं का मिज़ाज तय करता है। उन्नीसवीं सदी तक समाज की लय बदलने लगी थी। फिर संगीत क्यों न बदलता? 1850 के आस-पास लखनऊ में रास और भगत की परम्परा मिलने से रहस बना और उससे अमानत की इन्दरसभा जैसा संगीत-रूपक बना जो रागदारी संगीत पर टिका था। सम्पन्न घरों के युवा संगीत-आश्रयदाता भी अब अपने आश्रित दरबारी गायकों से द्रुततर गति की गायकी पेश करने की फ़र्माइश करने लगे तो द्रुत गति के ख़याल लिखे जाने लगे जिनमें सुर-ताल की नाटकीयता बढ़ी और साथ में आईं बिजली सी लहराती बलखाती तानें, बोल-बनाव और बड़े ख़याल-छोटे ख़यालों की जोड़ियाँ। मशहूर संगीत मर्मज्ञ धूर्जटि प्रसाद मुखर्जी के पुत्र कुमार मुखर्जी के अनुसार उनके पिता की पीढ़ी तक यह 'ऐं ऐं वाली तानें अक्सर मुँह बिचकाकर नाक़ाबिले-बर्दाश्त कही जाती थीं। बंगाल कला का केन्द्र बन चला था जहाँ राजा राममोहन रॉय जैसे समाज-सुधारक और टैगोर सरीखे साहित्यकार भी जब गीत लिखने पर आते तो उनका मॉडल ध्रुपद-गायन ही था। मिले-जुले कल्पनाशील राग भी शुरू में शुद्धतावादी गायनाचार्यों से लेकर रसिकों तक को विरक्त ही करते थे।

आज उपशास्त्रीय संगीत पर दीवाने समाज पर पुराने ख़याल-गायकी के शौक़ीन लानत भेजते हैं। नया क्या है? जो बदलना है बदलेगा ही! मध्य भारत और उत्तर भारत में ख़याल-गायन पूरी तरह से उन्नीसवीं सदी के उत्तरार्द्ध में स्वीकृत तथा घरानेदार परम्परा के तहत विकसित हुआ। और यह ग़ौरतलब है कि संगीत पर कट्टरपन्थी सुन्नियों में बन्दिश के बावजूद उस समय के लगभग सभी बड़े ख़याल-गायक व घराना-निर्माता सुन्नी मुसलमान थे। बीसवीं सदी तक हिन्दू गायकों की घरानेदार परम्परा में अच्छी पैठ हो गई थी, किन्तु शुरुआती दौर में सांगीतिक घरानों में से अधिकतर के आदिपुरुष खुले दिलो-दिमाग़ के मुसलमान ही थे। पर भारत में कोई भी संस्था हो राजनीतिक दलों से लेकर संगीत के घरानों तक में लीडर का परिवार अनायास केन्द्रीय ख़लीफ़ा का दबदबा पा जाता है। आज के राजनेताओं की ही तरह घरानों के संस्थापक गुरुओं ने बीसवीं सदी की शुरुआत तक अलग-अलग क्षेत्रों में अपने घरानों के इलाक़े परिवारों के लिए आरक्षित कर लिये थे। बड़े जतन से गुप्त रखी गई अपनी पारिवारिक शैली की गायकी की ख़ास तालीम वे प्राय: अपने बेटों, दामादों, भाई-भतीजों, पोतों-नातियों आदि को ही देना पसन्द करते थे, लेकिन दुर्लभ मेधा वाले बाहरी शिष्यों को भी इन परिवारों में शामिल कर लिये जाने के कई उदाहरण हैं। बहरहाल इस पारिवारिक परिसीमन के चलते कई तरह की दोस्तियाँ और दुश्मनियाँ बनीं। कई रोचक सांगीतिक प्रयोग हुए और नए रागरूप, लयकारी के नए प्रयोग सामने आए। महिलाओं की शास्त्रीय संगीत में भागीदारी लगभग हर कहीं डेरेदार या ढाढ़ी तवायफ़ गायिकाओं तक सीमित रही। और यद्यपि उनका संगीत ही नहीं ग़ैरदुनियादार कलावन्तों, और साज़िन्दों को बेझिझक माली तथा भौतिक संरक्षण देना कई विलक्षण उस्तादों और परम्पराओं को बचा पाया, उनमें से किसी को उस्तानी या पंडितानी का दर्जा नहीं मिला। महिला गायिकाओं के उत्सर्गमय जीवन और संगीतसेवा के बाद भी उनकी बेहद नगण्य चर्चा संगीत के इतिहास में पुरुष आधिपत्य और पितृसत्ताक मानसिकता का अनन्य प्रमाण है।

इस जमे-जमाए विश्व को झकझोरा बीसवीं सदी के दूसरे दशक में कुछ विलक्षण गुरुओं ने जब पं. विष्णु दिगम्बर पलुस्कर, पं. भातखंडे तथा प्रोफेसर मौलाबख़्श व फ़ैज़ मुहम्मद संगीत की दुनिया में संगीत विद्यालयों की प्रतिष्ठा कर स्वरलिपिबद्ध गायन, संगीत के शास्त्र, विधान तथा गायन की विधिवत् लिखित जानकारी तथा महिला-शिक्षा की ताज़ी हवा लेकर आए। इस बदलाव की पहली बड़ी वजह आज़ादी की लड़ाई की सुगबुगाहट से उपजी आदर्शवादिता थी और अन्य वजह थी—रजवाड़ों द्वारा अंग्रेज़ों के प्रोत्साहन से स्त्री-शिक्षा को जयपुर, रामपुर, इन्दौर, कोल्हापुर, बड़ोदा तथा हैदराबाद सरीखे राज्यों में बढ़ावा दिलवाना। बड़ोदा महाराज सयाजी राव ने 1886 में दो उस्तादों मौलाबख़्श घिस्से ख़ाँ तथा फ़ैज़ मुहम्मद की अगुवाई में संगीत के विद्यालय खोले और वहाँ की कक्षाओं में उभरते

मध्यवर्ग की किशोर लड़कियों तक विधिवत् तालीम बाक़ायदा स्वरलिपि बनाकर देने का सिलसिला चला। घरानेदार गायकों की तरफ़ से उसका अर्से तक मुखर विरोध हुआ। इसकी एक वजह तो यह थी कि उनको भय था कि इससे संगीत की जानकारी का स्तर गिरेगा, साथ ही उनको लगा कि यह शालाएँ चल निकलीं तो बड़े जतन से साधी गई उनके परिवारों की विशिष्ट गायकी का तमाम तरह के अयोग्य जनों तक खुला प्रचार हो जाएगा। इससे उनके बाप-दादों के समय की दुर्लभ बन्दिशों को सहज प्राप्य पुस्तकों में समाविष्ट करने से उनकी निजी धरोहर सार्वजनिक बन नष्ट हो जाएगी। हो-हल्ले के बीच यह बात अक्सर एक स्पष्ट सचाई होते हुए भी अचर्चित ही रही कि गुरुद्वय की इस पहल ने भारतीय शास्त्रीय गायन को सामन्ती रजवाड़ों की झक्की जकड़न और पारिवारिक तलघरों से बाहर निकालकर उसे पहले-पहल आम जनता तक पहुँच पाने के समान्तर मंच और प्रशिक्षण की सुविधाएँ उपलब्ध करवाईं। यह वह समय था जब कि जनता नई तालीम और सामाजिक सुधारकों के गहरे असर के तहत महिलाओं, दलितों और किसानों के मानवीय हक़ों को लेकर धीमे-धीमे ही सही, पर ज्ञात इतिहास में पहली बार सचमुच संवेदनशील और समदर्शी बनना सीख रही थी।

इस समूची प्रक्रिया को हिन्दू बनाम मुस्लिम के चश्मे से देखना ग़लत होगा क्योंकि सभी सम्प्रदायों की संगीत-प्रेमी आम जनता तक शास्त्रीय संगीत पहुँचाने में विष्णुद्वय तथा भास्कर बुवा जैसे हिन्दू गुरुओं तथा नत्थन ख़ाँ, अल्लादिया ख़ाँ और बन्दे अली ख़ाँ साहिब सरीखे मुसलमान उस्तादों का एक बराबर योगदान रहा, जिन्होंने औपचारिक शिक्षा की कमी और माली हालत बहुत बेहतरीन न होते हुए भी, बिना लालच या साम्प्रदायिक भेदभाव के, अपने संगीत की धरोहर को सिर्फ़ प्रतिभा के आधार पर आगे दुरुस्त किया और खुले हाथ से बाँटा। जयपुर अतरौली गायकी की बुनियाद रखनेवाले उस्ताद अल्लादिया ख़ाँ साहिब ने भास्कर बुवा, मल्लिकार्जुन मंसूर, निवृत्ति बुवा सरनाइक, गोविन्द टेम्बे, केसरबाई तथा मोघूबाई (किशोरी अमोनकर की माता) सरीखे हिन्दू शिष्यों की प्रतिभा को उतने ही प्यार और उदारता से सँवारा, जैसे अपने बेटों मंजी ख़ाँ तथा भुर्जी ख़ाँ की गायकी को। कहा जाता है कि जब ग़रीब घर से आए भास्कर बुवा किर्लोस्कर नाटक-मंडली में काम करने के दौरान इन्दौर गए तो उस समय के बड़े नामी गवैए बीनकार बन्दे अली ख़ाँ ने उनकी प्रतिभा की चमक पहले-पहल पहचानी और उनको अपना गंडाबन्द शागिर्द बना लिया। गुरु की उदारता से अभिभूत किशोर ने कहा कि उसके पास तो इतने बड़े गुरु को देने के लिए धेला भी नहीं था, तो उस्ताद ने सवा पैसा उसकी हथेली पर रखकर कहा, 'हाँ, बेटा, अब यह पैसा मुझे दान कर! और फिर तानपूरा निकाल।' और इसी के साथ उनकी विधिवत् तालीम शुरू कर दी गई। भास्कर बुवा ने अपने सभी मुस्लिम गुरुओं का नाम रोशन किया और उनकी मृत्यु के बाद उनके

प्रिय शिष्य दिलीप चन्द बेदी जब गुरु के आदेशानुसार आगरा घराने के उस्ताद फ़ैयाज़ ख़ाँ साहिब के पास पहुँचे, तो फ़ैयाज़ ख़ाँ साहिब ने (जिनको तब आफ़ताब-ए-मौसीकी—गायन जगत् का सूरज—कहा जाता था) उनका गायन सुनकर कहा, 'बेटा, तुम भास्कर बुवा की गायकी हरगिज़ न छोड़ना, ख़ासकर उनकी कूट तानों को।' यह थी उस वक़्त की संगीतज्ञों के बीच कला के प्रति सच्चे प्यार की एक मिसाल। बहुत बाद तक उस्ताद साहिब बहुत प्यार से 'भास्कर भैया' की यादें सबसे साझा करते रहते थे।

ख़याल-गायन के जन्म को लेकर जितने घराने, उतनी दन्तकथाएँ तथा दावे हैं। पर मोटामोटी अब सभी यह मानते हैं कि ख़याल-गायन की पहली जड़ें ग्वालियर घराने से निकली हैं। ख़ुदाबख़्श नामक गवैए के साथ ध्रुपद अंग की गायकी की शक्तिपीठ बने ग्वालियर से कोई सवा दो सौ बरस पहले ख़याल-गायन आगरा तक आया था, और फिर लगातार लोकप्रिय हुआ। बाद को आगरे से, जयपुर से वाग्गेयकारों द्वारा बड़ी तादाद में जोड़ रागों तथा प्रचलित रागों के नए रूपों के ख़यालों की अनेक नई तथा बेहतरीन बन्दिशें तैयार की गईं। नत्थन पीरबख़्श, जिनको आगरा घराना की गायकी का आदिपुरुष कहते हैं, दरअसल ग्वालियर की ही खराद पर उस्ताद नत्थन ख़ाँ द्वारा तैयार किए गए थे। ध्रुपद अंग की तथा सुर-परिष्कार पर ग्वालियर घराने की ख़ास पकड़ के कारण बेहद सुरीली बनी वह ख़याल-गायकी भी (बरास्ते ख़ुदाबख़्श) आगरे आई। कहते हैं कि ग्वालियर से तालीम हासिल करने के पहले तो ख़ुदाबख़्श का गला इतना कर्कश था कि उनको 'घग्घे' ख़ुदाबख़्श कहा जाता था।

बहरहाल, पुराने संगीतकारों के बीच औपचारिक शिक्षा की कमी तथा ख़याल-रागदारी श्रुति के प्रधान होने की वजह से उन्नीसवीं सदी तक बन्दिशों का स्वरलिपि लेखन (नोटेशन), रिकॉर्डिंग और रेडियो-प्रसारण प्रचलन में नहीं थे। श्रुति-प्रधान गायकी स्वरों के अनेक सूक्ष्म रूपों से रागों के बीच विलक्षण भिन्नता पैदा करती है जिनको बिना सुने सिर्फ़ कोमल-तीव्र स्वरों को इंगित कर सकनेवाले नोटेशन से समझना नामुमकिन है। कहने को कई राग एक जैसे स्वरों पर आधारित होते हैं पर उनमें भी तीव्र या कोमल स्वर भिन्न होते हैं, मसलन—भूप तथा कल्याण के ऋषभ। फिर बड़े कलाकार स्वभाव से अक्सर फ़ितूरी तथा उग्र होते हैं तथा अपनी कला से कोई समझौता नहीं करना चाहते। लिहाज़ा उन दिनों बड़े गुरुओं से सीना-ब-सीना तालीम हासिल करना शिष्यों से अच्छी याददाश्त या कड़ी मेहनत ही नहीं, ग़ज़ब की सहनशीलता व धीरज भी माँगता था। बक़ौल मेरी माँ के एक उम्रदराज़ मित्र के, उस्तादों की माँगें कई बार इतनी टेढ़ी होतीं कि खुर्राट और घाघ भारतीय सासें और हरियाणा के पुलिसिया भी शरमा जाएँ। गुरु का हुक़्क़ा भरना, सौदा-सुलुफ़ लाना, गुरु-पत्नी के लिए पानी भरना, तानपूरा सँभालना, हाथ-पैर दबाना, कभी-कभार मटन-वटन पकाकर देना (जो निरामिष छात्रों को मतली भले ही ला देता, पर तब

भी टलते न थे) या अधिक पी जाने के बाद यहाँ-वहाँ से उठाकर लाए गुरु की सार सँभाल करना, ये निहायत बेसुरे-बेताले काम भी शागिर्दों को बिना ननुनच करने पड़ते थे।

धन्धई बाई लोगों के लिए तालीम पाना और भी दुष्कर था। कोठों पर गायन सुनने जानेवाले गायक भी उनको अपना गंडाबन्द शागिर्द बनाने की औपचारिकता से मुँह चुराते थे। जयपुर अतरौली घराने की केसरबाई को शुरुआती दिनों में उपयुक्त गुरु पाने के लिए तमाम तरह के पापड़ बेलने पड़े, तब जाकर उनको अल्लादिया ख़ाँ साहिब सरीखे जीनियस गुरु की शागिर्दी नसीब हुई, लेकिन शर्त थी कि गुरु के जीते-जी बाई जी मंच पर नहीं गा सकतीं। सुबह चार से दस तक नहा-धोकर रियाज़ करना होगा और फिर शाम को दोबारा बैठना होगा। तीन बरस में दो ही राग सिखाए गए। यह सब एक तरह से मीरासी पृष्ठभूमि से आई सुन्दर युवती के स्वभाव तथा संगीत-साधना के प्रति समर्पण की कठोर पड़ताल का अंग था। लिहाज़ा स्वभाव से बहुत तेज़ होते हुए भी गुरु की मृत्यु (1946) तक केसरबाई ने इस अनुशासन का पालन किया। तब भी उनके गुरु उनको लेकर बाहरख़ाने काफ़ी कुछ अनर्गल कहते सुने गए। इतना सब होने के बाद भी गुरु की किसी अन्य शिष्या से उनकी राग बिहागड़ा की बन्दिश सुनकर उसे सीखने के लिए बाद में केसरबाई शय्याग्रस्त गुरु के चरणों में बैठने को मुम्बई छोड़कर छह माह बाहर रहीं। शायद इसीलिए वे अपने उस्ताद को लेकर इतनी पज़ेसिव बन गई थीं कि किशोरी अमोनकर की सन्त स्वभाव माँ मोघूबाई और विलक्षण रूप से मेधावी किन्तु नम्र गंगूबाई से उनकी लगातार लाग-डाट चलती रहती। और कलकत्ते की गौहरजान को भी उन्होंने यथासम्भव रोके रखा। लगातार बाई होने का कड़वा अहसास कराए जाने से गौहरजान और केसरबाई दोनों के स्वभाव में सफलता पाने के बाद एक तरह की आत्मग्रस्तता और ग़ुरूर आने के कई प्रमाण हैं। पर दोनों ही सुन्दर और स्वाभिमानी महिलाओं को शुरू में पुरुष गुरुओं, संरक्षकों तथा रजवाड़ों की बनाई प्रदर्शनकारी संगीत की प्रतिस्पर्धाभरी दुनिया में औरत, तिस पर मीरासी बाई जी होने का काफ़ी ख़ामियाज़ा भुगतना पड़ा था, जिसकी भरपूर क़ीमत दोनों ने बाद को कई बार श्रोताओं, समारोह-आयोजकों, शिष्यों और संरक्षकों को बुरी तरह अपमानित कर वसूल की और बदले में बूढ़े होने पर एकाकी रह जाने का दर्द झेला। ख़ैर, यह एक अलग ही अन्त:कथा है।

साहित्य-संगीत और स्त्री

गौहरजान (कलकत्ते वाली)

पहले मेरा अनुमान था कि कचहरी-अदालत में सत्य का व्यवहार होता होगा। मुझे कभी अदालत जाने का अनुभव न था। जब मेरी पेशी हुई तो मैंने देखा कि मैजिस्ट्रेट के सामने कर्मचारी जितना झूठ बोलते हैं उतना वेश्याओं के प्रेमी भी न बोलते होंगे। क्या अमले, क्या पुलिस, क्या गवाह—जान पड़ता है, सबों का पेशा ही झूठ बोलना है!...मुझे तो कुछ हँसी आती थी, कुछ रंज होता था। न्याय के दरबार में नीच स्वार्थ और कुटिल मिथ्या की ऐसी गर्म बाज़ारी!

मैजिस्ट्रेट ने गवाहों के बयान सुनकर मुझसे पूछा, 'आप कुछ कहना चाहती हैं?'

मैंने कहा, 'एक शब्द भी नहीं। इस झूठ के बाज़ार में मैं कुछ भी न कहूँगी। आप जो सज़ा चाहें, दे दें...'

यह बेबाक उद्धरण 1931 में 'हंस' के आत्मकथा अंक में प्रकाशित मुंशी प्रेमचन्द की पत्नी शिवरानी देवी के आलेख से लिया गया है। शिवरानी जी को स्वदेशी आन्दोलन के दौरान पिकेटिंग करती महिलाओं के साथ पकड़कर जेल में डाल दिया गया था। पर नारीवाद पर इधर तमाम क़समें-वादे दुहराते हिन्दी साहित्य-जगत् की यह कैसी विडम्बना है कि इस दौरान शिवरानी जी अथवा सुभद्रा कुमारी चौहान जैसी उन अनेकानेक महिलाओं के घर के बाहर निकलने पर हुए खट्टे-मीठे अनुभवों का कोई सयत्न सँजोया संकलन आज भी देखने में नहीं आता। ये महिलाएँ सिर्फ़ साहित्यकार ही नहीं, घर-गृहस्थी और नागरिकता के निजी और सार्वजनिक दाय एक साथ निभानेवाली प्रखर आन्दोलनकारी भी थीं। अपने छोटे-छोटे बच्चों और गृहस्थी का मोह त्यागकर वे आज़ादी की पूर्वसन्ध्या में लगातार पकड़ी जातीं और रिहा होती रहीं। पर जहाँ स्वतंत्रता-सेनानी का ठप्पा लगवाकर उनके पुरुष सहयात्री दशकों तक नाम, सुविधाएँ और सराहना पाते रहे और बाद को सभी पाठ्यपुस्तकों में उनके अवदान पर तमाम तरह की जानकारी सहज उपलब्ध रही, इन महिलाओं को भुलाया गया। बौद्धिकता की अधिष्ठात्री भले ही अपने यहाँ देवी सरस्वती को माना गया हो, लेकिन सामाजिकता, संगीत और साहित्य के लोकप्रिय रूपों के मानक बनाने, उसमें सही रोल अदायगी के स्थान, काल और पात्र तय करने और कला-समीक्षा के क्षेत्र में कमान लगभग पूरी तरह से पुरुषों के ही हाथों में थमी रही है। शायद यही वजह है कि आज़ादी की लड़ाई से लेकर साहित्य, संगीत या अन्यान्य कलाओं में पुरुषों के अवदान पर तो लगातार फूल बरसाए गए लेकिन साहित्य, संगीत और स्वतंत्रता-संग्राम—तीनों क्षेत्रों में महिलाओं के योगदान पर कमोबेश पर्दा ही पड़ा रहा। कोई चर्चा हुई भी तो सुभद्रा जी से लेकर मन्नू जी और केसरबाई तक उनका उल्लेख अमुक की शिष्या या सहयोगी या पत्नी के स्तर पर ही होता रहा जबकि उनका रचनात्मक अवदान उन पुरुषों का महज़ अनुसरण करने तक क़तई सीमित नहीं था। बीसवीं सदी के आधे हिस्से तक इतिहास-लेखन या आलोचनात्मक कर्म के क्षेत्र में पुरुषों की इस मानसिकता को एक अनकहे

भोगवादी सामन्ती सोच से भी काफ़ी पोषण मिला। इसके तहत पुरुषों की समसामयिकता को देन, उनकी आदर्शवादी मानसिक गढ़न और शिक्षा-दीक्षा के मामले में तो पुरुष समीक्षक और इतिहासकार बहुत-कुछ बोलते-लिखते रहे, किन्तु इन्हीं विषयों पर औरतों के क्रमिक अवदान को दोयम दर्जे का ही दिखाया जाता रहा। औरत की ओर से समाज या कला में किसी तरह की नई पहल का उल्लेख करने में उसकी भोग्या स्थिति से जुड़े बहु-प्रचारित मिथक खड़े कर उनको निस्तेज बना दिया गया। यह कहा गया कि कुछ विलक्षण महिलाएँ कभी-कभार कला या सार्वजनिक क्षेत्र में अपनी प्रतिभा का प्रदर्शन कर पाईं, तो महज़ इसलिए कि उनकी अनगढ़ प्रतिभा को सौभाग्यवश उनसे कहीं अधिक जानकार और प्रतिभावान पुरुष का साहचर्य यथासमय मिल गया। इससे उनके व्यक्तित्व को सही तरह तराश दिया गया।

हमारे ही यहाँ नहीं, बाहरी देशों में भी संगीत-साहित्य और कला के उच्चतम शिखरों तक पहुँच पाने की महिलाओं की जन्मजात अक्षमता और सफल महिलाओं के अपने पुरुष संरक्षकों के साथ रिश्तों को पुरुष कलाकारों और समालोचकों ने सहजता से लेने की बजाय नैन नचाय मुस्काय ही बखानना पसन्द किया है। अग्रगामिता का पुरोधा माने जानेवाले पश्चिम के तरक़्क़ीपसन्द देशों में (पत्नी की ताड़ना के लगातार दोषी रहे) रूसी लेखक टॉल्सटॉय, पुरुष को ही सबसे बड़ा मानक और बराबरी की बात करनेवाली नारीवादियों को हिजड़ा बतानेवाले अमेरिकी लेखक नॉर्मन मेलर, ब्रिटेन के लेखक किंग्सले एमिस और स्पेनी कलाकार पिकासो तक कई बड़े कलाकार हैं जो औरतों को निजी जीवन में बेतरह अपमानित और प्रताड़ित करने के बाद उनका रचनात्मकता के शिखर छूने की कोशिश का उपहास करते रहे। एक जाने-माने ब्रिटिश कला-समीक्षक (रस्किन) ने तो यहाँ तक कह डाला कि उनको महिला द्वारा लिखने का प्रयास भी एक ऐसा दुर्लभ चमत्कार लगता है, जैसे किसी चौपाए पालतू कुत्ते का यकायक दो पैरों पर चल पड़ना।

कला के इतिहास में एक तरफ़ लगातार महिला कलाकारों का महत्त्व और योगदान यथार्थ से कमतर आँकना और दूसरी तरफ़ महिला में रचनात्मक प्रतिभा के स्पष्ट लक्षण दिखने पर भी उसको पारिवारिक, सामाजिक और निजी विधि-निषेधों का हवाला देते हुए कला की राह पर उसका निर्द्वन्द्व आगे बढ़ना असम्भव या सन्दिग्ध और कष्टकर बनाने का यह काम काफ़ी सूक्ष्म तरीक़े से किया जाता रहा है ताकि महिला कलाकार सहज रचनात्मक सक्रियता के बजाय लोकदृष्टि ही नहीं, ख़ुद अपनी नज़रों में भी सन्दिग्ध बनी रहें। इसी सोच की वजह से जब कभी किसी महिला का वैवाहिक दामन पुरुष कलाकार से यदि अकाट्य तौर से जुड़ता है, तो अक्सर वहाँ भी पुरुष को अपनी कमाई और मेहनत से गृहस्थ-जीवन और मानवीय ज़िम्मेदारियों से मुक्त रखने का दाय पत्नी या सहचरी का ही माना जाता है। यही

नहीं, उनको तमाम शोरोगुल, ऊधमी सन्तान, पड़ोसियों या अनचाहे मेहमानों को भी बड़ी कुशलतापूर्वक बाहर छेंकना पड़ता है, ताकि कलाकार महोदय अपना काम एकान्त में शान्ति के बीच अनवरत कर सकें। रचनाकार स्त्री के लिए यह शान्त निभृत एकाकी विश्व लगभग अप्राप्य ही रहता है।

इस सबके बाद भी जब कालक्रम में कुछ प्रतिभावान पत्नियाँ या सहचरियाँ सामाजिक वर्जनाओं को तोड़कर ख़ुद भी रचनाधर्मी क्षेत्र में घुस आती हैं, तो पुरुष अक्सर उनको अपना प्रतिस्पर्धी मानने लगता है। कई उदाहरण हैं जहाँ पति से कला क्षेत्र में आगे निकल गई पत्नी सामान्य सहजीवन से वंचित हो जाती है। इसके भी कई उदाहरण मौजूद हैं कि किस तरह एक विलक्षण कलाकार पर भी यदि एक बार गवनहारी या तवायफ़ या नटिन-डोमिन अथवा अभिनेत्री सरीखे विशेषणों का ठप्पा लग चुका हो तो सामान्य वैवाहिक जीवन या भले परिवारों के अन्तरंग दायरों में पैठ उनके लिए लगभग असम्भव बन जाती है। उनसे उम्मीद की जाती है कि कोई माई का लाल कलाकार यदि उनको अपनी सहधर्मिणी बनाता भी है, तो पति का जीवन तो वही रहेगा जो कि था, पर उनको यह आश्वासन देना होगा कि वे अब सार्वजनिक अभिनय या गाना-नाचना जारी नहीं रखेंगी। रखना भी चाहें तो अपने पत्नीत्व या मातृत्व की क़ीमत पर नहीं। बेगम अख़्तर से लेकर सिद्धेश्वरी जी सरीखी दैवी प्रतिभाओं ने विवाहोपरान्त सामाजिक दायरों का यह अन्यायमय द्वैत झेला और जब साँस लेना दूभर हो गया तो बाहर आना ही बेहतर माना।

पिछली सदी के पूर्वार्द्ध तक भले घरों की लड़कियों-बहुरियों के लिए शिक्षा तथा स्वाध्याय के मामले में परम्परा के नाम पर निरक्षरता और परनिर्भरता को बढ़ावा देना क़तई अजूबा नहीं माना जाता था। उन्नीसवीं तथा बीसवीं सदी की शुरुआत के सभी समाज-सुधारक भी, जो स्त्री-शिक्षा के समर्थक थे, मानते रहे कि लड़कियों को उनकी निजी मानसिकता बदलने के लिए नहीं, देश तथा कुलधर्म के निर्वाह के लिए ही शिक्षा देना अभिप्रेत है ताकि माता बनकर वे अपने कुटुम्ब तथा लड़कों को देश-प्रेम और कुलीनता का पाठ सही तरह दे सकें। ज़ाहिर है, इस तरह की शिक्षा से उनका कला-जगत् से किसी निजी स्तर पर रचनात्मकता से जुड़ पाने का रास्ता खुलना असम्भव ही था। शब्द-जगत् तक उनकी पहुँच अपने उदारवादी पिता या पति (जो कमोबेश अपने आपमें एक विरोधाभासी शब्द है) या बेटों की मार्फ़त ही (यदि बनी तो) बन पाई।

अपनी पीढ़ी की बहुत कम उदारवादी सहशिक्षण देनेवाले विश्वविद्यालय से निकली स्त्रियों से एक, मेरी माँ शिवानी थीं। पर वे बताती थीं कि उनकी पीढ़ी तक जिन उदारवादी परिवारों में स्त्री-शिक्षा को सहर्ष स्वीकार किया गया था, वहाँ भी जब कभी साहित्य-संगीत के पारम्परिक संरक्षक घर के बड़े लोग घर पर आयोजित महफ़िलों का रसास्वादन करने, नामी गाने-नाचनेवालियों तथा मान्य रसिकों को

बुलावा भेजते थे, तो जलसा मर्दाना बैठकख़ाने में ही आयोजित होता था। यदि पुरुषों से पूर्व स्वीकृति मिली हो, तब भी घर की स्त्रियाँ उन पेशेवर गायिकाओं के दीदार सिर्फ़ चिक या पर्दों के पीछे से ही कर पाती थीं। भले ही वह महफ़िल उनकी ही किसी सदस्या की कोख से जनमे पुत्र के जन्म, मुंडन या विवाह पर क्यों न सजवाई गई हो! जब महफ़िल गरमाती तो अक्सर पुरुषों की माँग होती कि बाई लोग हाव-भाव सहित अदायगी करें। ऐसे मौकों पर अनब्याही लड़कियों को नेपथ्य से भी हटवा दिया जाता था कि निरन्तर ख़ामोश ताक़त के वलय से घिरे रहनेवाले घर के परम आदरणीय बड़े लोगों की किन्हीं हरकतों या फ़िक़रेबाज़ी से उन पर 'ग़लत' असर न पड़े। जब ज़रा चढ़ जाती तो स्त्रीविहीन यारों की ऐसी बैठक में नोक-झोंक के दौरान खुलकर कहा जाने लगता कि नाचने-गानेवाली रखैल तो पान या गोश्त के स्वादिष्ट क़लिया की तरह हर रईस आदमी की इन्द्रिय-सुख की सहज माँग है : 'जग माँ चार सजीवन मूरी, कलिया पान पतुरिया पूरी।' इसे हर रईस का फ़र्ज़ माना जाता कि वह पालकी, गुड़गुड़ी की ही तरह क़र्ज़ और रखैल भी अपने पास रखे : 'चार चीज़स्त बर रईसाँ फ़र्ज़, पालकी, गुड़गुड़ी, पतुरिया, कर्ज़।'

लिहाज़ा बड़े घरों के पुरुषों का एकाध बाई जी को अपनी रक्षिता बनाकर किसी अन्य घर में बसा लेना आम था। लेकिन साथ ही भले घरों से आई घर की भद्र ब्याहताएँ जब तक बने, इसकी अनदेखी करने को बाध्य थीं। कई बार तो यह भी होता था कि ऐसी कोई बाई जलसे में पुरुषों के आगे नाच-गाकर सराहना तथा रुपया बटोर चुकने के बाद घर की बड़ी कुलवधू द्वारा भीतर बुलवाई जाती। वहाँ महिलाओं की मजलिस के बीच वह नए जनमे बच्चे की बलाएँ लेती या किसी नवविवाहित पुत्र के लिए सेहरा गाती। इसके बाद बड़ी अनुकम्पा के साथ ब्याहता पत्नी उस अघोषित सपत्नी को नेग देकर तथा उसकी विनयशील सलामी वसूल कर अपने मन के घाव भरने की करुण कोशिश करती और उसी व्यवस्था की शिकार दूसरी कुलवधुओं से इस कूटनीतिक नीचा दिखाई के लिए सराहना पाती। कभी बार-बार सन्तान जन्म से छीज गई किसी पुत्रवती सदस्या के बरक्स उसके पति की रक्षिता बाई जी के ढलती जवानी में भी बेहद सुन्दर होने का चर्चा चलती तो चर्चाकारों को घर की कोई बुज़ुर्ग महिला पट से टोक देती, 'अरे, हमारे जने इन चिकने-उजले बच्चों की परछाईं भी छू सकती हैं वे?' वह कहतीं। आम फ़िक़रा था, कि लड़कोरी का आँचल चिकना, बाँझ का मुँह!

इसलिए काफ़ी लम्बे समय तक करोड़ों पुत्रवती, सुहागवती महिलाओं की सांगीतिक प्रतिभा का इकलौता निकास-मार्ग सुबह उठकर कपड़े धोने, पानी खींचने, चक्की पीसने, रोते बच्चे को सुलाने या घर में मनाए जा रहे नाना संस्कारों की घड़ी में सुख-दुख से आन्दोलित पारम्परिक लोकगीत कभी एकाकी और कभी

समवेत स्वरों में गा उठना ही बना रहा। कई बार पुरुष लेखक उन गानों की मार्फ़त बड़े कोमल कृतज्ञ भाव से अपनी माँ का स्मरण करते हैं और बताते हैं कि किस तरह भोर की बिरियाँ उठने पर सबसे पहले उनके कानों में माँ की मन्द मधुर स्वर में गाई प्रार्थनाएँ, लोकगीत और धुनें ही पड़ती थीं। लेकिन अक्सर वे इस सहज सवाल पर मन्थन करना भूल जाते हैं कि हमेशा सबसे पहले उठने, घर-गिरस्ती के कामों में जुड़ने और अपनी घरेलू दुनिया के भीतर ही दबे स्वरों में गाने की इस विवशता ने न जाने कितनी अद्‌भुत प्रतिभाओं को अकाल सुखा दिया होगा?

संगीत तो आत्माभिव्यक्ति का चरम रूप है पर अपने यहाँ तो सहज अभिव्यक्ति की हर राह पर औरतों के लिए रोड़े रखे रहते हैं। वह हँसती भी है तो झिझकती हुई, रोती है तो तकिए में मुँह छिपाकर या बन्द बाथरूम में नल की धार में सिसकियाँ दबाकर! यह बहुत कम लोग जानते हैं कि 1946 के एक सरकारी आदेश के तहत 1952 तक ऑल इंडिया रेडियो पर उन महिलाओं का गायन-प्रसारण करने पर पाबन्दी थी, 'जिनका निजी जीवन सार्वजनिक तौर से लांछित माना गया था' (हूज़ प्राइवेट लाइफ़ वाज़ ए पब्लिक स्कैंडल)। शास्त्रीय और उपशास्त्रीय संगीत की पेशेवर गायनजीवी महिलाओं को 1952 में जाकर ही रेडियो से प्रसारित होने का सौभाग्य मिला, जब तत्कालीन सूचना प्रसारण मंत्री श्री बी.वी. केसकर ने फ़िल्म-संगीत पर रोक लगाकर प्रसिद्ध साप्ताहिक राष्ट्रीय संगीत-गोष्ठियों तथा सालाना रेडियो संगीत-सम्मेलनों का आगाज़ किया। मेरी स्व. गुरु दीपाली नाग तथा नैना देवी बताती थीं कि तब भी समाज में पेशेवर गायिकाओं को लेकर व्याप्त विचारों की वजह से यह ज़रूरी समझा गया कि उनके नामों से 'बाई' या 'जान' का पुछल्ला हटाकर उनको अमुक देवी या अमुक बेगम के नाम से ही पुकारा जाए। इसी तरह लेखिकाओं के लिए भी बरसों तक उपनाम-तले लिखने की बाध्यता चलती रही।

पर इसके बावजूद महिला कलाकारों की दुर्निवार जिजीविषा का अभिनन्दन किया जाना चाहिए जिसके बल पर मीरा, महादेवी से लेकर गौहरजान, सिद्धेश्वरी, मोघूबाई, किशोरी अमोनकर, शिवानी, कृष्णा सोबती और अमृता प्रीतम सरीखी प्रतिभाशालिनी महिलाएँ तमाम निषिद्ध सतहें तोड़कर ऊपर उठीं और छा गईं। यह बात अलग है कि इन सबको निजी जीवन में इसका भारी मोल चुकाना पड़ा। 'आह से उपजा होगा गान' लिखनेवाले कवि को भी शायद पता न होगा कि स्त्रियों की कलाओं के पीछे आह का कैसा मार्मिक आलोड़न छिपा है, जिसे हम देखकर भी नहीं देखते।

बँटवारा और राज का नुस्ख़ा महिलाओं के सन्दर्भ में बार-बार आज़मूदा साबित होता आया है। शास्त्रीय या उपशास्त्रीय संगीत की दुनिया में पुरुषों के बीच बैठकर उनकी अन्तरंगता के क्षणों में खुली भागीदारी करनेवालियों की साँकरी गली

में सदियों तक भले घरों की सद्‌गृहस्थ महिलाओं की कोई खुली आवाजाही असम्भव थी। उन बदनाम गलियों में जहाँ बड़े से बड़े घर के पुरुष अक्सर सीढ़ी चढ़कर हर शाम मुजरा सुनने जाते रहे, औरतज़ात के नाम पर बस डेरेदार तवायफ़ें या डोमनी क़ौम की औरतें ही आती-जाती थीं। उनके अपने रसिक श्रोताओं से कभी अन्तरंग सम्बन्ध बने भी तो उन रिश्तों को वृहत्तर समाज की खुली रोशनी में न तो सामाजिक मान्यता मिलती थी, न ही रसूख़दार पुरुषों से जुड़े उन अन्तरंग रिश्तों को कोई सम्मानित नाम। जबकि आज हम पाते हैं कि यह इन्हीं तवायफ़ों की प्रतिभा की तराश का सुफल था कि कजरी, चैती, बारहमासा और दादरा जैसे कई लोकगीतों के स्वरूप शास्त्रीय संगीत की बैठकों में चुपचाप प्रवेश कर हर महफ़िल के समापन की घड़ी का अनिवार्य हिस्सा बनते चले गए। घंटों बाद शास्त्रीय रागदारी-परम्परा के संगीत से सन्तुष्ट महफ़िल जब उठती तो प्राय: किसी मदमस्त लोकगीत की रागदारी से परिमार्जित धुन को गुनगुनाते हुए ही।

बनारस के बड़े रईस, महफ़िलों के स्थायी सदस्य, घनघोर संगीत-प्रेमी तथा घोषित मूर्तिभंजक भारतेन्दु ने, जो खड़ी बोली के हिन्दी साहित्य के भी आदिपुरुषों में गिने जाते हैं, लोकगान के शास्त्रीयकरण पर लहककर लिखा :

देखो भारत ऊपर कैसी छाई कजरी।
...द्विज बेद की रचना छोड़ि गाई कजरी।
नृपगन लाज छोड़ि मुँह लाई कजरी॥

अलबत्ता इन सम्मानित 'द्विज गणों' और राजे-महाराजाओं के मुँह पर कजरी ला बिठाने का दुष्कर काम जिन गवनहारियों ने किया, उनका अन्तिम हश्र और उनकी शोषित ज़िन्दगी की कटु जानकारियाँ पाने के लिए हमको अमृतलाल नागर (ये कोठेवालियाँ) जैसे लेखक का इन्तज़ार करना पड़ा।

कला सत्यशोधन का ही दूसरा नाम है और बार-बार किसी सच को यदि अनदेखा किया जाए तो उसके द्रष्टा का मन अक्सर अनकहे सत्य के बोझ से भारी हो रहता है। तत्कालीन बनारस के संगीत-साहित्य के रसिक शिरोमणियों में शुमार और बेतरह मुँहफट 'भारतेन्दु' भी इसका अपवाद नहीं थे। बनारस की महिलाओं में कला-जगत् के नाना रूपों की परख और उन पर बराबरी के भाव से चर्चा करने का रईसी आह्लाद पाने के बाद वे ज़मीनी धरातल पर उनकी हीन सामाजिक दशा और पुरुष बिरादरी की उनके प्रति अन्यायभरी स्थापनाओं-विचारों की उपेक्षा नहीं कर पाए। लिहाज़ा उनका मन उन्नीसवीं सदी के शेष समाज की ही तरह कलावन्त महिलाओं को लेकर पारम्परिक आग्रहों और सुधारवादी विचारों के बीच कुंठित और असहज महसूस करता रहा। अपने जातीय संगीत नामक लेख में भारतेन्दु बाल-विवाह, शिक्षा, भ्रूण-हत्या सरीखे विषयों से समाज के टकराने को ज़रूरी तो मानते हैं, किन्तु अपनी ही शृंगारिक रचनाओं में वे स्त्री को पारम्परिक नायिकाभेद

की चौहद्दी के ही भीतर भोग्या रूप में देखते-दिखाते हैं। 1874 में छपी उनकी 'बालाबोधिनी' पत्रिका में स्त्री के लिए आदर्श स्थिति का ब्यौरा है :

पितु, पति, सुत करतल कमल लालित ललना लोग
पढ़ैं गुनैं सीखै सुनै...
...वीर प्रसविनी बुधवधू होय हीनता खोय...

उनकी जीवनीकार (प्यारे हरिचन्द जू) डॉ. प्रतिभा अग्रवाल लिखती हैं : 'मन तो उनका भटकता ही रहता था। एक तरह की बेचैनी, एक तड़प उन्हें...कुरेदती रहती...सन्तोष नहीं था।' यह असन्तोष उनके निजी जीवन और सामाजिक परम्पराओं के बीच लगातार चलते अन्तर्द्वन्द्व से उपजा था और 35 वर्ष की उम्र में काल-कवलित होने तक उनके साथ रहा।

उनके विपरीत बंगाल में राममोहन रॉय या ईश्वरचन्द्र विद्यासागर जैसे तत्कालीन समाज-सुधारक इन विषयों में गम्भीर रुचि रखते थे और वेश्यावर्ग की सामाजिक स्थिति को हीन बनानेवाली इन मध्यकालीन धारणाओं को भारतेन्दु की मस्ती से स्वीकार या बयान नहीं कर पाते थे। पर उनका दबाव महिलाओं की दुर्दशा मिटाने पर उतना नहीं जितना समाज में नैतिकता की स्थापना पर था। बंगाल के कुलीन ब्राह्मणों के बीच बहुविवाह और बाल-विवाह की कुप्रथा पर विद्यासागर जी ने एक चर्चित फेहरिस्त 'बहुविवाह' शीर्षक पुस्तक में जारी की जिसके अनुसार बंगाल में 55 से 80 बरस तक के दर्जनों बूढ़े पैसे के बूते 22 से लेकर 80 शादियाँ कर निन्दा-भाजन बनने की बजाय बालिका वधुओं का उद्धारक बन सामाजिक जस कमा रहे थे। बाल-विवाह और बेमेल विवाह तथा ब्राह्मण समुदाय में व्याप्त सामाजिक कुरीतियों की समवर्ती केशवचन्द्र सेन, महर्षि फुले, विद्यासागर या राममोहन रॉय ने खुलकर निन्दा की। उनके विपरीत भारतेन्दु समाज-सुधारक की नज़र तो रखते थे, पर वे यह नहीं भुला पाते थे कि अनेक गवनहारियों से रिश्तों के बावजूद अन्ततः वे एक पति, एक बड़े भाई और पिता के रूप में अपने ऊँचे सम्मानित ख़ानदान के बड़े वंशधर भी थे। स्वभावतः रसिक साहित्य-प्रेमी और संगीत के पारखी होने की वजह से वे तवायफ़ों के प्रति आकर्षित होने से ख़ुद को रोक नहीं पाते थे, पर अपनी रक्षिता मल्लिका को खुलकर पत्नी बताना भी उनको स्वीकार न था।

इस सबके कारण केशवचन्द्र सेन, राजा शिवप्रसाद सितारा-ए-हिन्द, राजेन्द्रलाल मित्र सरीखे समाज-सुधारकों, भाषा-विशेषज्ञों तथा पुरातत्त्व-प्रेमियों के साथ भारतेन्दु की गहरी अन्तरंगता बनी रही और बनारस की कई गानेवालियों से भी, जिनके लिए वे लावणियाँ लिखते रहे और जिनके घर उनका निरन्तर आना-जाना बना रहा। उनकी सदाशयता और उदारता पर उन गवनहारियों को कोई शक न था, न ही वे उनके सांसारिक बन्धनों को काटने की इच्छुक थीं। इतने से सहज प्रेम का स्पर्श भी

उन चिर प्रेम-वंचिताओं को प्यारे हरिचन्द जू के प्रति मोहासक्त बना गया था। सुनते हैं, भारतेन्दु के निधन पर उस दिन रूपजीवाओं ने शोक में अपना सारा कारोबार बन्द रखा। भले ही जीते-जी भारतेन्दु वह स्थायी सुरक्षा या मान इन गायनजीवी महिलाओं के प्रति प्रेमभाव के बावजूद उनको न दे दिला सके जैसा आजन्म अपनी ब्याहता पत्नी तथा बहन को देते रहे। 'हम सोवत हैं पिय अंक निसंक चबाइनै आव चबाव करौ', कह मल्लिका नामक अपनी प्रियतम रक्षिता से अपनी प्रीति का उन्होंने भले ही कभी दुराव नहीं किया, पर यह जानते हुए भी कि वह उनके प्रति पूर्ण समर्पिता है और किसी अन्य से सम्बन्ध नहीं रखती, उसे निराधार छोड़ गए। उनके मरणोपरान्त उनकी पत्नी का एकाकी जीवन जहाँ काशी के रईसों के समाज की सद्‌भावना से घिरा-घिराया बहुत गरिमामय तरीक़े से बीता, वहीं उनका सर से हाथ उठने के साथ ही साहित्य-संगीत की दुनिया में उनकी अभिन्न सहचरी मल्लिका एकदम अकेली रह गईं। कुछ समय तक भारत कला भवन के बच्चा बाबू की कृपा रहते वे काशी रहीं, फिर कहाँ गईं किसी को नहीं मालूम। उनकी इकलौती यादगार बच्चा बाबू के नाम लिखा उनका पोस्टकार्ड और एक उपन्यास, 'कुमुदिनी' की भारतेन्दु के सुधारे वाक्यों सहित भारत भवन में मौजूद एक अधूरी पांडुलिपि हैं। कोई कहता है मल्लिका ग़म में वृन्दावनवासी हो गईं, कोई कुछ और...।

इक हाल में इनसान की बसर हो नहीं सकती,
अब रंग तबीयत के बदल जाएँ तो अच्छा।

—बड़ी मलकाजान

ग़दर के बाद का भारत ईस्ट इंडिया कम्पनी की रवानगी और बर्तानिया की महारानी के शासन-तले आ गया एक आमूलचूल बदलता देश बना। देश में राजनीति और अर्थनीति के मंच पर ग़दर से लेकर भूमि राजस्व निर्धारण तथा वसूली के तरीक़े तेज़ी से बदले तो दूसरी तरफ़ अधिकतर सम्पन्न परिवार अपने लड़के-बच्चों को अंग्रेज़ों की बनाई नई शिक्षा-व्यवस्था को सौंपने लगे। यक़ीन करना कठिन था कि ग़दर के दौरान अंग्रेज़ों की इतनी मुखर और ज़ोरदार मुख़ालिफ़त कर चुका यह देश इतनी उत्कंठा और आदर के साथ उन्हीं अंग्रेज़ों के शासन और नई राजभाषा अंग्रेज़ी से अपना तालमेल बिठा लेगा। पर यह हुआ। 'कवि वचन सुधा' में अंग्रेज़ी शासन तथा भाषा की विसंगतियों पर दो-टूक लिखनेवाले भारतेन्दु ने 1933 में विलायत के युवराज के काशी-आगमन की तुलना राम के अवध-आगमन से कर दी :

स्वागत स्वागत धन्य तुम भावी राजधिराज,
भई सनाथा भूमि यह परसि चरन तुव आज।

उनकी जीवनीकार प्रतिभा अग्रवाल के अनुसार फूल-पत्तियों से सजाकर स्वागत-द्वार पर अंग्रेज़ी वाक्य, 'लांग लिव अवर फ़्यूचर एम्परर', 'वेलकम योर

हाइनेस' आदि भारतेन्दु की ही अगुआई में तय किए, लगाए और पताकाओं की तरह उड़ाए गए।

जो साज़ से निकली है वो धुन सबने सुनी है।
जो साज़ पे गुज़री है वो किसको पता है!

—साहिर

1858 के बाद राज-काज में कई क्रान्तिकारी बदलाव आए। वे इतिहास की बहियों में हर कहीं दर्ज होते रहे। लेकिन पुरुषों के स्तर पर नएपन को स्वीकार करनेवाला समाज औरतों के मामले में हर कहीं पुरानी दमघोंटू सामन्ती जड़ता और अन्धविश्वासों के बीच जीता रहा। अवध की ग़रीब, धूल-धूसरित रैयत के बीच 1857 के ग़दर के जाँबाज़ शहीदों की आदर्शवादी तहरीरें भीतर-भीतर ही जड़ पकड़ रही थीं। लेकिन बाहरख़ाने लखनऊ से उजड़कर लखनऊ के पतनशील सामन्ती समाज का एक कला-पारखी टोला नवाब वाजिद अली शाह समेत कलकत्ते के मटियाबुर्ज़ में जा बसा था। जान-ए-आलम, अवध के अन्तिम बादशाह अपनी वृद्धा माँ और वली अहद को विलायत के बादशाह के आगे अवध के ताज़ की बहाली का मुक़दमा लड़ने को रवाना करके नृत्य-संगीत और रंगारंग अठखेलियों के बीच 'कदर पिया' के उपनाम से ठुमरियाँ लिखते, हरम की परियों के साथ रहस (रास) रचाते उस समय अपना ग़म ग़लत कर रहे थे जबकि लोक तथा शास्त्रीय संगीत, नृत्य और सैकड़ों आज भी गाई जानेवाली बन्दिशों की रचना करनेवाले युग में हर वर्ग की औरतें बदहाल थीं, और संगीत तथा संगीतकारों तथा नर्तकों के ख़ानदानों को पनाह देनेवाली सैकड़ों तवायफ़ें अमीर और स्वावलम्बी होने के बावजूद समाज में नीची निगाह से ही देखी-बरती जाती रहीं। यक़ीन नहीं होता कि इसी अवध में, उत्तर भारत में कुल पाँचेक बरस पहले एक दौर वह था जब यकायक मर्दों की ग़ैरहाज़िरी या बेबसी की घड़ियों में अपनी विरासत की रक्षा करने को कठोर पहरा तोड़कर हरम की चहारदीवारी से निकली रानी झाँसी और बेगम हज़रत महल जैसी महिलाएँ अंग्रेज़ों से लोहा लेने निकल आईं और जनता के गले का हार बन बैठीं।

संगीत की ही तरह भाषा की दुनिया भी विविधताओं, विडम्बनाओं से भरी रही। जब फोर्ट विलियम कॉलेज से निकली मानक हिन्दी गद्य-लेखन में घुटनों-घुटनों चल रही थी, तो सत्ता की बोली फ़ारसी के लोप से दरबारी हरम तथा सम्भ्रान्त घरानों तक औरतों, परिवारों की मातृभाषा रही बोलियों को यकायक बड़ा महत्त्व और रचनात्मक ताक़त मिली। लेकिन अफ़सोस कि इस समय अंग्रेज़ और अंग्रेज़ी राज-काज को गिरफ़्त में ले चुके थे और प्रशासकीय दर्जा पाने की राह बन्द हो गई थी। दिल्ली और लखनऊ उजड़ चुके थे और राज-काज की बोली अंग्रेज़ी तथा उसके (आम नागरिकों के लिए फोर्ट विलियम से पैदा मानक हिन्दी या उर्दू अनुवाद) ही शासन तथा राजनीति का माध्यम बन गए थे। दबदबा और आतंक

गहरा था, लिहाज़ा ब्रज, अवधी या भोजपुरी सरीखी आमजन की उन बोलियों ने ख़ुद को इतिहास के बेचैन करनेवाले किसी भी स्पर्श से अलग रखा जिनकी मिठास और लोच का मुरीद संगीत-जगत् पूरी तरह बन गया था। आज भी शास्त्रीय या उपशास्त्रीय संगीत की हर गाई-बजाई जानेवाली बन्दिश उर्दू या खड़ी बोली हिन्दी नहीं, इन्हीं बोलियों में सुनाई देती है जिन पर आम जीवन तथा महिलाओं का गहरा असर था और अवध से दिल्ली तक वे एक साथ प्रभुत्वसम्पन्न और लोचदार चटक के साथ चलने में सक्षम साबित हुईं। विविधता का यह हाल था कि 1903 में अपने एक ख़त में निकोल रिकॉर्ड कम्पनी के प्रतिनिधि स्टीवन कार्ल पॉटर ने अपने लन्दन ऑफ़िस को लिखा कि कलकत्ते से बाहर हर 300 मील में बोलियों के साथ-साथ भाषा का रूप भी यहाँ बदल जाता है। हर ज़िले के अपने लोकप्रिय गायक, गायिकाएँ और एमेच्योर कलाकार हैं जिनके रिकॉर्ड उस इलाक़े में ख़ूब बिकेंगे। हाय री बोलियाँ! औरतों की ही तरह पुरुष-जगत् को जब उनमें कमाई के लच्छन नज़र आए तो उनका दामन थाम लिया, पर राज-काज के लिए नहीं, मनोविनोद के लिए। रिकॉर्ड इंडस्ट्री की आमद और चाभीदार विलायती बाजे से पक्का या अधपक्का गाना और नाट्य-संगीत सुनने के इस दौर पर फिर आगे। अभी बात सरकारी भाषा और औरतों की।

महिलाएँ अपनी स्थिति के चलते अभी भी बोलियों में ही बातचीत, लेखन करती रहीं गुपचुप-गुपचुप। बहुत सम्पन्न घरों में, जिनका अंग्रेज़ बहादुर के बीच उठना-बैठना था, अलबत्ता महिलाओं को कामचलाऊ अंग्रेज़ी की मेम रखकर तालीम दिलाने पर धीमानों के बीच विचार होने लगा। कई बार इसके नतीजे बड़े ही मज़ेदार होते। मेरी नानी बताती थीं कि उनकी एक लाड़ली लली (ननद) तितुलि बुबू थीं जिनका बाल-वैधव्य भी जीवन के रस लेने की इच्छा का हरण नहीं कर पाया। वे बताती थीं कि किस तरह एक बार वे ज़िद कर परिवार के बड़े डिनर में लाट साहब (गवर्नर) की मेम के बगल में बिठाई गईं। अटकती उर्दू में बड़ी मेम ने बुज़ुर्ग श्वेतवस्त्रावृता महिला से ख़ैरियत पूछी। बुबू के सीमित शब्दकोष में सिर्फ़ थैंक्यू शब्द था। पर उर्दूवाली मेम से वे अंग्रेज़ी क्या बोलतीं? मेज़ के पार बैठे भाई ने होंठ गोल कर कहा, शुक्रिया कह! तितुलि बुबू ने कहा—शुक्रिया मेम साहिब। मेम ख़ुश हुई और हाथ पकड़कर पास बिठा लिया। 'बड़ी मेम बड़ी सुन्दर थी गोरी-गोरी, पर बाल उसके हम विधवाओं की तरह छोटे छोटे थे। अब कोई मरी सधवा बाल काहे कटाय बैठी? तिस पर सोने जैसे बाल बिलकुल रूखे, तेल का लेश नहीं। उसे तेल-फुलेल की कमी जो क्या होगी? तेल को क्या कहते होंगे उर्दू में?'

तितुलि बुबू का दिल सवाल से मचलने लगा। पर पूछें तो कैसे? अचानक याद आया कि तेल दीये में डालते हैं और दीये को उर्दू में चिराग़ कहते हैं। बातून बुबू ने शब्द का गोला दागा, 'मेम साहिब आपने सर पर चिराग़ नहीं डाला क्या?' एक

ऐतिहासिक ग़लती का शिकार बन बैठी थीं बेचारी हमारी तितुलि बुबू। दिनों तक उनकी हँसाई हुई। जब अंग्रेज़ी स्कूलों और नौकरियों का माध्यम बन बैठी तो बोलियों की मार्फ़त हिन्दी-उर्दू में आई साहित्य, संगीत को नए आयाम दे चुकी अभिव्यक्ति-क्षमता को तो बुबू की उर्दू की ही तरह तड़कना ही था। रचनात्मक मिलाप की साझा भट्ठी में पकी भाषाओं को लिपि तथा संस्कृति विशेष से जोड़कर बेवजह पेचीदा बना दिया गया और चतुर व्यापारी अंग्रेज़ हिन्दू-मुस्लिम को हिन्दी और उर्दू लिपियों की मार्फ़त अपनी जातीय पहचान बनाने की दिशा में ले गए। हिन्दी तथा उर्दू ने (जो बोलियों से बेतरह जुड़ी थीं) बोलियाँ तजकर क्रमशः संस्कृत और फ़ारसी से शब्द-भंडार बनाना चालू कर दिया तो नई पीढ़ी में भी नई शिक्षा नीति ने स्कूल से मदरसों तथा संगीत महाविद्यालयों तक भाषायी माध्यम का सवाल 'संस्कृति' से जा जोड़ा और इसी के साथ पुराना बहनापा खोकर हिन्दी संस्कृतपरक हिन्दुओं की और उर्दू फ़ारसीपरक मुसलमानों की भाषा बनने की राह पर चल निकलीं। यह उल्लेखनीय है कि भारतेन्दु तथा कालाकाँकर के राजा रामसिंह दोनों शिवप्रताप सितारा-ए-हिन्द की मिली-जुली भाषा के ख़िलाफ़ संस्कृतनिष्ठ शुद्ध हिन्दी का ही ध्वज थामे रहे। मुल्क में संस्करित शब्दों और सुरों की औपचारिक दुनिया पुरुषों तथा सत्ता की राजनीति की मिल्कियत बना दी गई हो, तो कुछ दमदार औरतों की लिखने और गाने की आकांक्षा अक्सर जुर्रत ही ठहरती है। प्रसिद्ध गायिका गौहरजान (कलकत्तेवाली) की डेरेदार तवायफ़ माँ बड़ी मलकाजान से लेकर प्यारे हरिचन्द उर्फ़ भारतेन्दु हरिश्चन्द्र की रक्षिता मल्लिका कोई भी इसका अपवाद क्योंकर होतीं? आजिज़ आकर बड़ी मलकाजान ने लिखा :

इब्तेदा आवारगी की जोश-ए-वहशत का सबब।
हम तो समझे हैं मगर नासेह को समझाऊँ क्या॥

(इस डरावनी आवारगी का कारण हम तो ख़ूब समझती हैं, पर नसीहत देनेवालों को यह कैसे समझाया जाए?)

बनारस से अपनी सुन्दर बेटी को लेकर कलकत्ता आन बसी बड़ी मलकाजान की अनुभवी निगाहों ने दुनिया के कई रंग देखे थे। उनकी बेटी ने भी। आर्मीनियाई पिता की बेटी गौहरजान आधी फिरंगिन थी और आधी हिन्दुस्तानी। अपनी कला के बल पर दोनों माँ-बेटी ने ख़ूब नाम और नामा कमाया। दरबारों से भी, रिकॉर्ड कम्पनियों से भी। 1920 में गौहर गांधी जी से मिलीं। गांधी जी तब चन्दा जमा कर रहे थे। गौहर ने कहा कि वे भी इस नेक काम में मदद करना चाहेंगी पर एक शर्त के साथ। शर्त यह थी कि वह एक बैठक करेंगी जिसकी पूरी कमाई स्वतंत्रता आन्दोलन को जाएगी, लेकिन गांधी जी को भी उस महफ़िल में आना होगा, उनको सुनना होगा। महफ़िल हुई। बापू को कार्यवश बाहर जाना पड़ा। उनके प्रतिनिधि मौलाना शौकत अली चन्दा लेने आए। बैठक से कुल 24 हज़ार रुपए की आमदनी हुई थी जो

बड़ी रक़म थी। पर दुनिया देख चुकी गौहर ने उनको कुल 12 हज़ार रुपए यह कहते हुए थमाए कि बापू ने अपना आधा ही वचन निभाया सो वे भी आधा ही चन्दा दे रही हैं। 'मैं केहि समुझाऊँ सब जग अन्धा', गौहरजान ने कबीर को गाया : 'एक दुइ होय उनहिं समझाऊँ, सबहि भुलाना पेट का धन्धा।'

अपने जीवन की कितनी बड़ी सचाई एक तवायफ़ सहजता से बखान गई।

यही तक़लीफ़ बदलते युग में बदलते मूल्यों के बीच एक स्वाभिमानी कलाकार स्त्री हो कि पुरुष झेलता रहा है। मिर्ज़ा ग़ालिब कोलकाता और दिल्ली के बीच निरन्तर पेट के धन्धे को पुराने को ही तो भागे-भागे फिरते रहे, कलाकारों के मीत कौन?

क़सम जनाज़े पे आने की मेरी खाते हैं 'ग़ालिब',
हमेशा खाते थे जो मेरी जान की क़सम आगे।

गुणी, स्वाभिमानी मल्लिका और गौहर की ही तरह मुन्नीबाई का जीवन भी एक करुण रागिनी बनकर सामने आता है। जूनागढ़ की जानी-मानी गायिका जगमगीबाई, जो उस्ताद अब्दुल वहीद ख़ाँ की शिष्या थीं, की बेटी मुन्नीबाई से उस्ताद अमीर ख़ाँ की प्रेम-कहानी परवान चढ़ने पर दिल्ली चली आई। बाद को निकाह भी हो गया और बाई से मुन्नीबाई ख़लीफ़न बन गईं। अमीर ख़ाँ साहिब को उनके सान्निध्य से बहुत सारे बड़े उस्तादों की कृपा मिलने लगी और मुन्नीबाई ने कन्धों पर घर का भार लेकर उनको रियाज़-साधना के लिए और भी मुक्त छोड़ दिया। मुम्बई आए। कार्यक्रम होने लगे, फ़िल्मों में भी गायकी के अवसर खुले। लेकिन जब अमीर ख़ाँ की जन्मजात प्रतिभा सूरज बन गई तो मुन्नीबाई का उनकी ज़िन्दगी में महत्त्व घट चला। शिष्यों में किसी दूसरी औरत की फुसफुसाहट होने लगी। तल्ख़ी बढ़ी और निपट स्वाभिमानी मुन्नीबाई एक दिन अचानक घर त्यागकर कहीं चली गईं। किसी ने पीछे जाकर खोजने की कोशिश की हो, नहीं सुनाई देता। कहा गया, शायद बनारस जाकर साधु हो गईं और एक दिन गंगा जी में समाधि ले विलीन हो गईं। अमीर ख़ाँ साहिब का निकाह मुश्तरीबाई आगरेवाली की बेटी रईसा बेगम से हो गया। मुन्नीबाई का बेटा हैदर अमीर नागपुर साइड कहीं चला गया। उसका भी कोई बड़ा ज़िक्र नहीं सुना गया।

जिया को लागी आन-बान,
प्यारे चितवन मन में बसी
ऐसी फँसी आर-पार
के जिया को लागी आन-बान...।

संगीत-शिक्षा-परम्परा
तवायफ़ों से लेकर शहरी मध्यवर्ग की बेटियों तक

गंगूबाई

संगीत-कक्षा की मेरी पहली स्मृतियाँ अल्मोड़ा में लाल टीन की छत वाली एक जराजीर्ण बिल्डिंग से निकलती दमे के मरीज़ सरीखे हाँफते हरमुनिया धौंक की हैं। उसकी बाँह थामे कुछ सुरीली और (अधिकांश) बेसुरी आवाज़ें भी गाड़ी सड़क तक चली आती थीं—'जागो मोहनि प्याऽऽऽऽरे...'। शहर अल्मोड़ा से बागेश्वर की तरफ़ जानेवाली गाड़ी सड़क पर शहर के एक महत्त्वाकांक्षी धोबी ने ड्राइक्लीनरी का नया-नया काम शुरू कर शहर में एक और ही युग का आगाज़ करा दिया था। ज़िद्दी शहर अलबत्ता उसकी दुकान को मोहन धोबी की लांड्री ही कहता था। इसी सुप्रसिद्ध नई बिल्डिंग के किसी पिछवाड़े के कमरे में शाम को भले घर की लड़कियों को एक अन्धे मास्टर जी संगीत की शिक्षा देते थे जिनका तकिया-कलाम था, ऐसा कर-करके...।

'तो बालिकाओ, ऐसा कर-करके स्थायी उठाओ कि...' हरमुनिया चालू होता, 'पिया की नज्जरिया जादूभरी...ई ई ई...।'

पड़ोसी शहर नैनीताल में जब इन कक्षाओं में सिखाई जा रही बन्दिशों पर पारिवारिक पुनर्विचार किए गए तो कुछेक माताओं, दादियों ने 'पिया' या 'छतियाँ' सरीखे कुमारिका कन्याओं के लिए वर्जित शब्द पुरानी बन्दिशों से हटवाने का नादिरशाही हुक्म दे दिया। देखते-देखते वहाँ दैवी नाम जड़वाने की प्रथा क़ायम होने लगी, जिसके तहत बेचारी अभिसारिका गाती, 'मेरे भोले चले हैं कैलास कि बादल गरजे मेहा बरसे...' अल्मोड़ावाले मास्टर जी भी, जो अपनी इन्हीं ट्यूशनों पर आजीविका के लिए पूरी तरह निर्भर थे, तुरत सविनय राज़ी हो गए। और तदुपरान्त इलाक़े की अनेक विवाहाकांक्षी बहन-बेटियाँ किसी सुयोग्य घर-वर के लिए चयनित किए जाने की पूर्व परीक्षा के लिए परिमार्जित बन्दिशों वाली राग-रागिनियाँ सीखने लगी थीं, 'बिस्नू जी की नज्जरिया जादूभरी...' या 'सखि मोरी रूमझूम, कैसे जाऊँ हरि पास बादरवा गरजे...' इस अपनी निहायत नाक़ाबिले-बर्दाश्त पिया-हिया-विहीन कक्षा संगिनियों के लज्जास्तूपीकरण से विरक्त होकर मैंने तय कर लिया कि भले ही बढ़ईगिरी सीख ली जाए, लेकिन इस विषय की वाहियात-सी शिक्षा लेने में कुछ नहीं रखा। यह ज़िद तब-तब और भी पुख़्ता होती जब हरमुनिया धौंकती हुई आर्यकन्या पाठशाला की हमारी म्यूज़िक मास्टरनी अपनी नक़ली बत्तीसी चबाती हुई प्रार्थना के स्वर थूक के छींटों सहित हवा में फेंकतीं, 'हे जग्ग त्राता बिस्व बिधाता हे सुख सांतिनिकेतन हे ऽऽऽ।' उनके कई बच्चे थे और हम छात्रों को यक़ीन था कि वे भी उनकी बेसुरी लोरियाँ सुनकर सोने की बजाय रोने को मजबूर हो जाते होंगे।

संगीत के सन्दिग्ध स्थानीय रूपों को लेकर हमारा परिवार तनिक ज़्यादा ही बेरुख़ी दिखाता था तो इसकी वजह शान्तिनिकेतन के कला भवन की स्नातिका मेरी माँ शिवानी और उनके भाई-बहनों की शास्त्रीय संगीत के बेहतरीन रूपों से बरसों के सान्निध्य से बना अन्तरंग परिचय था। माँ बहुत सुरीली और शास्त्रीय संगीत तथा

रवीन्द्र-संगीत की सहृदय जानकार थीं। और बांग्ला-संगीत-जगत् के अनेक सितारे उनके मित्र-सहपाठी थे। वे बताती थीं कि एक बार जब कवि रवीन्द्रनाथ उन लोगों के साथ अल्मोड़ा आए थे तो स्थानीय संगीत-समाज द्वारा उनके स्वागत में (शान्तिनिकेतन में क़तई निषिद्ध हरमुनिया के साथ) गाए गए बेसुरे रवीन्द्र-संगीत गायन को सुनकर उनको लगा था कि काश! धरती फट जाती तो वे उसमें समा जातीं। फिर भी उनको लगता था कि हम लोगों को बाक़ायदा संगीत सीखना चाहिए क्योंकि सुर-साधना तो बचपन से शुरू हो ही जानी चाहिए, बाद को परिमार्जन होता रहेगा। मेरी बड़ी बहन, जो जन्मना कोकिलकंठी और संगीत से बहुत लगाव रखती थी, मान गई। पर मैं अड़ी रही। मेरे बालहठ से माँ काफ़ी खिन्न थीं। पर उनके विपरीत मेरे शिक्षाविद् पिता को (उस पीढ़ी के अधिकतर पुरुषों की ही तरह) अकादमिक नज़रिए से संगीत एक ख़ासा हल्का विषय तथा भले घर की स्त्रियों का सार्वजनिक मंच पर प्रदर्शन कुछ असहजकारी प्रतीत होता था। महज़ शादी-ब्याह के लिए एक अतिरिक्त योग्यता के बतौर लड़कियों को जबरन पाककला या संगीत सिखाना उसूलों के तहत वे क़तई वाहियात मानते थे। उनकी दो-टूक राय थी कि मेधावी और अनिच्छुक बच्चों पर एक अतिरिक्त विषय जबरन लादना बेकार है। और महफ़िली तारीफ़ के लिए भली-ख़ासी पढ़ाई छुड़वाकर कम उम्र में ही बच्चे को संगीत की प्रदर्शनकारी राह पर भेजना बहुत बुद्धिमत्तापूर्ण न होगा। पहले लड़कियाँ पढ़ाई कर लें फिर सीखना चाहें तो वे ज़रूर सीखें, लेकिन पढ़ाई की क़ीमत पर संगीत की तालीम नहीं। यूँ बाबू के स्पष्ट वीटो से मुझे भक्तिसंगीत की सन्दिग्ध बन्दिशें सीखने से सहर्ष मुक्ति मिली और पढ़ने-लिखने की शब्दबहुल दुनिया में अनिर्बाध तैरने की छूट मिल गई।

बहरहाल जैसे-जैसे उम्र बढ़ी, संगीत की समझ भी बढ़ चली। बड़ी बहन तब तक संगीत के ऊँचे पायदान तक आ पहुँची थी और सुबह-शाम घर में गूँजता उसका कर्णमधुर रियाज़ अच्छा लगता था। माँ के शौक़ के चलते घर में संगीत कार्यालय हाथरस की संगीत पत्रिका और आकाशवाणी से या स्थानीय लोगों की तमाम अनियतकालीन पत्रिकाएँ आदि काफ़ी सामग्री उपलब्ध रहती ही थी। अक्सर कोई नई बन्दिश दीखती तो माँ उसकी स्वरलिपि पढ़कर हमको सिखातीं। बाद को उनके साथ बैठकर जब महफ़िलबाज़ी से विरक्त हमारे पिता सरकारी दौरों पर बाहर होते, हम दोनों बहिनों ने रेडियो या मंच पर संगीत और कला के अनेक बड़े नामों को जाना और पं. भीमसेन जोशी, सुशीला मिश्रा, गिरिजा देवी तथा बेगम अख़्तर सरीखे कलाकार मित्रों के साथ संगीत की प्रणालियों पर कलाकारों की अन्तरंग बातचीत सुनी, तो गवैयों-बजैयों से जुड़े कई पुराने पूर्वग्रह भी जाते रहे।

'70 के दशक में मेरा परिचय आगरा घराने की विदुषी कलाकार दीपाली ताल्लुक़ेदार से हुआ, जो तब मेरे श्वसुर के मकान के सामनेवाली कोठी में अपने

विद्वान पति डॉ. दुलाल नाग के साथ रहती थीं। डॉ. नाग तब जे.एन.यू. के उपकुलपति थे। जब उनकी भेंट एक बार किसी सिलसिले में माँ से हुई तो बंगाल तथा बांग्ला-गान से माँ के गहरे जुड़ाव के चलते उनकी अच्छी मित्र बन गईं। माँ ने उनसे मेरी संगीत के प्रति अरुचि की शिकायत की और कहा कि किसी तरह मुझे वे यदि सिखा सकें तो बहुत अच्छा हो। अगले ही दिन उनका बुलावा आ गया। उनके जैसा गुरु पाने के बाद मेरी घरानेदार गायकी की विधिवत् तालीम किसी संगीत विद्यालय की बजाय गुरु के घर में, आमने-सामने बैठ शुरू हुई। दीपाली माँ का घर तत्कालीन वरिष्ठ तथा नवोदित संगीतकारों का मक्का हुआ करता था जहाँ मैंने पहली बार चाइल्ड प्रॉडिजी श्रुति सडोलीकर और सितारनवाज़ बुधादित्य मुखर्जी को पहले-पहल सुना और तब तक दिल्ली में अचीन्हे जीनियस द्वय निवृत्ति बुवा सरनाइक तथा मल्लिकार्जुन मंसूर को भी। कुछ साल बाद जब वे कलकत्ता आईं, टीसी रिसर्च अकादमी जाने को तैयार हुईं तो दीपाली माँ ने दो अन्य विद्वान गुरुओं : इन्दौर के श्री रामदास मुंगरे तथा गान्धर्वमंडल से जुड़े रहे श्री वसन्त वामनराव ठकार के सान्निध्य में आगे की शिक्षा लेने को भेजा। इन विद्वानों के मार्गदर्शन में संगीतशास्त्र के महासागर का जो गम्भीर और विधिवत् अवगाहन शुरू हुआ, वह क्रम आज तक जारी है। इन गुज़िश्ता चार दशकों में खुले आधुनिक दिमाग़, परम्परा की गहरी समझ तथा उच्च शिक्षा से सम्पन्न इन दोनों गुरुओं के निरन्तर उत्साहवर्धन के चलते मैंने हिन्दुस्तानी संगीत-शिक्षण की पारम्परिक और संस्थागत प्रणालियों और उनके विभिन्न आयामों के बारे में काफ़ी कुछ देखा, सुना और सोचा। बाद को दीपाली दी की ही कृपा से प्रसिद्ध उपशास्त्रीय संगीत गायिका नैना देवी के दरबार से जुड़ने का सौभाग्य मिला और कुछ थोड़ी-बहुत प्रगति उस दिशा में भी होने लगी। नैना जी के पास संगीत-जगत् से जुड़ी कहानियों की खान थी। गायकी सिखाते हुए अक्सर बीच-बीच में वे उस जगत् के अपने खट्टे-मीठे अनुभव और टिप्पणियों से हमको निहाल करती रहतीं। उनकी ही तरह मालूमात की बड़ी पोटली दीपाली दी की अभिन्न मित्र शीला धर से भी मुझको मिली। लहीम-शहीम शरीर और बुलन्द मर्दाना आवाज़ की मालकिन शीला जी को जाने-माने संगीतज्ञों की नक़लें उतारने और मध्यवर्गीय युवा छात्राओं (ख़ासकर कायस्थ घरों की) की गायकी का अद्भुत ख़ाका खींचने में महारत हासिल थी। दीपाली दी और नैना जी उनको उकसातीं, ज़रा मृणाल को सुनाओ तो वो वाला क़िस्सा...शीला जी जैसी क़िस्सागोई शायद ही कोई कर पाता हो। कभी हमको लोट-पोटकर देतीं। और कभी संगीतकारों, तवायफ़ों की दारुण ज़िन्दगी के लोमहर्षक क़िस्सों से उनकी प्रतिभा के प्रति अपने वर्ग की उपेक्षा और स्वार्थपरकता पर शर्मसार।

संगीत की विधिवत् शिक्षा पर लौटें। पहली बात जो साफ़ दिखती है यह कि उन्नीसवीं सदी के उत्तरार्द्ध से बीसवीं सदी के पूर्वार्द्ध तक संगीत की तालीम

अधिकतर सीना-ब-सीना, यानी आमने-सामने बैठकर बड़ी बारीक़ी से, गोपनीयता बरतते हुए दी जाती थी। लगभग हर घराना अपने संगीत की बारीक़ियों को ही कला का चरम रूप मानकर (चन्द प्रतिभावान छात्रों को छोड़कर) अपने घराने की नायाब बन्दिशें अपने ही परिवार के लोगों को बड़े जतन से थमाता था, बाहरियों को यह अवदान नहीं दिया जाता था, उनकी ग्राह्य शक्ति भले ही काफ़ी हो। इससे फ़ायदा तो यह हुआ कि घरानेदार गायकी की ख़ास छवि और बन्दिशें अक्षुण्ण रूप में अगली पीढ़ियों को प्राप्त होती रहीं। लेकिन इससे एक बड़ा नुक़सान यह हुआ कि इतने सारे विविधतामय घरानों की मौजूदगी के बावजूद उनके बीच कलाओं की खुली अन्तर्निर्भरता का न तो कोई पुल बन पाया और न ही सांगीतिक बन्दिशें और प्रयोगधर्मिता परस्पर मिल-जुलकर नए सुन्दर संकरित स्वरूप रच पाईं। औपचारिक शिक्षा की कमी और अन्तर्मुखी समाज के कारण कुछेक शिक्षक लगभग अन्धविश्वासी होने की हद तक लकीर की फ़क़ीरी ही करते चले। विद्वानों की सोहबत कर शास्त्रों से अपना अपरिचय कम करने और बन्दिशों की शुद्धता बरकरार रखने के प्रयास की बजाय अधिकतर उस्तादों ने प्रतिभाशाली होते हुए भी संगीत के किसी वैज्ञानिक विश्लेषण को हिकारत से अस्वीकार कर दिया। इससे संगीत में स्वर के साथ-साथ शास्त्र की व्यवस्थित तालीम का क्रम टूटने लगा।

फिर उठा बन्दिशों की शुद्धता का सवाल। भारत में संगीत-रचना के शब्दों और उनके स्वराधारित रूप को व्यक्त करने के लिए दो शब्द प्रचलित हैं : मातु और धातु। मातु शब्द सम्भवत: संस्कृत के मातृका शब्द से जुड़ा है और शब्दों की शुद्धता का बोधक है। धातु शब्द स्वरों की शुद्धता का सूचक है। किसी भी बन्दिश की सही अदायगी दोनों तत्त्वों मातु तथा धातु की शुद्धता पर ही निर्भर करती है। हमारे यहाँ ख़याल-गायकी से जुड़े सदारंग अदारंग या कि अख़्तर पिया उर्फ़ वाजिद अली शाह सरीखे अधिकतर वाग्गेयकार हिन्दू हों अथवा ग़ैरहिन्दू, भाषाविद् और साहित्य तथा साहित्यकारों से भी जुड़े थे। और जो संस्कृतज्ञ नहीं भी थे, अपने आचार्य कीर्तनकार तथा गायक 'पंडत' मित्रों से शब्दार्थ पर सलाह-मशवरा कर ही रचना को आकार देते थे। भारतीय भाषाओं—संस्कृत और उसके तमाम लोकप्रिय देशज रूपों—के सहृदय जानकार होने से उनकी रची मूल बन्दिशों में मातु तथा धातु दोनों का सन्तुलन रहा आया। लेकिन जैसे-जैसे प्रतिभाशाली लेकिन अहिन्दीभाषी और बोलियों से अपरिचित वाग्गेयकार घरानों की अहंवादी संस्कृति में ख़ुद को क़ैद कर बैठने लगे, मुखामुखी सिखाई जानेवाली पारम्परिक बन्दिशों के स्वरूप में विकृतियाँ आने लगीं। मूलत: हमारी संगीत-शिक्षा कानोंकान ही दी जाती थी, अत: उसके लिखित रूपों की शुद्धता पर ख़ास ध्यान नहीं दिया जाता था। 'देखा-सीखा-परखा' यही मूल मंत्र था। लेकिन जब संगीत-शिक्षा का विलायती संगीत-शिक्षा से प्रभावित संस्थागत रूप बन रहा था तब लिप्यन्तरण को लेकर एक अजीब दिक़्क़त सामने आई।

मध्यकालीन भारत में फ़ारसी थाट और भारतीय राग-पद्धति के सहज मिलाप से बनी ख़याल-गायकी की औपचारिक लेखन की लिपि या तो फ़ारसी थी या उर्दू। नागरी लिपि में लिखी मानक खड़ी बोली जिसे फोर्ट विलियम में अंग्रेज़ बहादुर शासकीय आदेशों या ईसाइयत के प्रचार के लिए तैयार करवा चुके थे, प्रायः पूरी तरह सिर्फ़ बोलियों में उपलब्ध संगीत के लेखन के लिए लोगों को अनुपयोगी लगती रही। देवनागरी लिपि का मतलब उनके लिए संस्कृत ग्रन्थों तक ही सीमित था। भक्तिकाल के कवियों ही नहीं, उनके परवर्ती देव, बिहारी, घनानन्द सरीखे मध्यकालीन कवियों की हस्तलिखित पोथियाँ भी जो बादशाहों या नवाबों के लिपिकों या उनके अनुयायियों ने तैयार कीं, वे नागरी की बजाय उर्दू या फ़ारसी लिपि में ही थीं। इन भाषाओं में हिन्दी, ख़ासकर बोलियों के कई स्वरों या वर्णों के लिए चिह्न नाकाफ़ी होने की वजह से उनके हिज्जे कई बार अस्पष्ट बन गए हैं।

सही तरह से शब्दों की आवृत्ति करनेवाली प्रतिलिपियों के अभाव में एक और दिक़्क़त जुड़ी। वह थी निरक्षर या अर्द्धसाक्षर उस्तादों या अहिन्दीभाषी गुरुओं द्वारा सिर्फ़ सुनकर हृदयंगम की हुई दुर्लभ सांगीतिक बन्दिशों की लयनिबद्ध अदायगी जिसमें शब्द कई बार जैसे हैं उससे भिन्न सुनाई देते थे। और उसके बाद जब ख़ुद उस्ताद की बजाय लिपिक या छात्र याद ताज़ी कर उनको काग़ज़ पर उतारते तो 'कुच' का 'कुछ' बन जाने का ख़तरा रहता ही था। यह मान्य सचाई है कि फ़ारसी या उर्दू में अवधी, ब्रज या पुरबिया सरीखी बोली से बन्दिश को पूरी शुद्धता से लिप्यन्तरित करना टेढ़ी खीर है, क्योंकि इनमें हिन्दी की कई बोलियों में इफ़रात से प्रयुक्त होनेवाले ग, या ट्, या ड् या ढ सरीखे वर्णों के लिए अलग ध्वनि-चिह्न नहीं हैं। नस्तालीक सुलेखन से इसको दूर करना सम्भव तो था, पर याद रखने की बात यह है कि अधिकतर बन्दिशों को संसाधनों के अभाव का मारा या तो किसी प्रतिस्पर्धी घराने का कोई नौसिखुआ छात्र या संगीत-प्रेमी लिपिक होता था जो चोरी-छुपे काग़ज़ पर उतारता था, किसी सुलझे बहुपाठी बहुभाषाविद् से मशवरा न के बरोबर ही किया जाता था। बाद को उसका लगभग उसी तरह के नौसिखुओं के किए हिन्दी में लिप्यन्तरण से सही पाठ की गुत्थी खुलती नहीं और उलझ जाती है। धातु के प्रवीण कई गायकों द्वारा मातु में आ गई विसंगति से ध्यान हटाने के लिए कहा जाने लगा कि संगीत में शब्दों का सिर्फ़ आलम्बन लिया जाता है, उनका महत्त्व ख़ास नहीं। मूल महत्त्व की बात तो स्वरों के क्रमिक विकास की है। किन्तु 'चतुर पंडित' (भातखंडे जी) ने, जब वे अपनी जानी-मानी क्रमिक पुस्तकमाला के लिए बड़े घरानों की बन्दिशों का संकलन करने निकले, तो यह कमी बार-बार नोट की और अपनी ग्रन्थावली में बन्दिशों के विकृत रूप के यथासम्भव परिमार्जन का प्रयास किया, लेकिन बीसवीं सदी की शुरुआत तक लिखित बन्दिश से कहीं अधिक प्रामाणिक मौखिक रूप से सीखी बन्दिशें ही रहीं। और घरानों के बड़े ख़लीफ़ाओं के

प्रति अन्धभक्ति के चलते परवर्ती चेले भी उनमें किसी शाब्दिक बदलाव से बचते रहे। गुरु के प्रति अन्धभक्ति की वजह से ग़लत-सलत पाठ का हू-ब-हू अनुसरण हुआ और कई छात्रों की शाब्दिक सम्पदा सीमित रही। साथ ही मंचीय अदायगी में संगीत की शान्त-निर्विकार चेहरे से गाने की परम्परा भी जाती रही और घराने के बड़े गुरु की भंगिमाओं की कुछ नैसर्गिक विकृतियाँ उन्होंने भी अपना लीं।

गुरु या उस्ताद के गिर्द श्रद्धा का वलय और शागिर्दी से बाहर कर दिए जाने का आतंक छात्रों में तब बहुत गहरा था और उनसे जिज्ञासा होने पर कोई कठिन प्रश्न पूछना अश्रद्धा का पर्याय मान लिया जाता था। ख़ुद अपने छात्रों के मनोविज्ञान को समझकर बहुत कम गुरु या उस्ताद उनको सिखलाते थे।

जब स्वयं का शिक्षा का परिष्कार न हुआ हो तो व्यक्ति तबीयतन कुछ शंकालु बन जाता है। बड़े-बड़े गुरु या उस्तादों में भी कई अपने छात्र की अन्य घरानेवालों की सोहबत में देखे जाने की ख़बर पाकर उत्तेजित होकर उन पर गालियाँ बकने और कई बार पीट-पाट डालने के कई वाक़ये मशहूर हैं। कई बार वे अनुशासनात्मक होते थे पर कई बार सिर्फ़ गुरु की निजी झक या कुंठा से उपजते थे। लिहाज़ा मेधावी छात्र कई बार शिक्षकों से ज़रूरी सवाल पूछने या मौक़ा मिलने पर भी अन्य घरानों की सांगीतिक मालूमात अपनी गायकी में शामिल करने में झिझकते, डरते थे और बात बहुत कष्टकर हो चली तो संगीत छोड़ देते थे। इस माहौल में मातु तथा धातु की शुद्धता और वैज्ञानिक शोध के प्रति अकुंठ आग्रही पं. भातखंडे देश भर का भ्रमण कर उस्तादों और उनके आश्रयदाताओं से लगभग 1800 बन्दिशें जमा कर सके, यह एक चमत्कार ही था। इस पूरे दौरान संगीत की कतिपय भीतरी अशुद्धताओं पर सवाल या तर्जनी उठाने की वजह से उनको बार-बार अपने शत्रुओं ही नहीं, मित्रों और उस्तादों की भी बड़ी गहरी कटूक्तियों तथा आलोचना का शिकार बनना पड़ा। मूलतः उन्होंने मराठी में ही यह सब लिखा और फिर हिन्दी नागरी लिपि में। यह एक विलक्षण काम वे कर गए जिसके लिए संगीत-प्रेमी उनके चिर ऋणी रहेंगे।

आलोचना का सारा जोखिम झेलकर भी उन्होंने पहले-पहल यह सवाल उठाया कि अच्छी गायकी के लिए सिर्फ़ गाने की तैयारी करवाना अपर्याप्त है। हर गायक को संगीत की तालीम के साथ इस कला के पारम्परिक नियमानुशासनों की भी पूरी और सही-सही जानकारी मिलनी चाहिए। मात्र स्वर के परिमार्जन और राग रूप (धातु) की शुद्धता पर ही बल देने से संगीत की अदायगी की मूल पवित्रता खंडित होती है। और कई बार लोकप्रियता या बड़े आश्रयदाता को रिझाने के चक्कर में गायकी को नाहक चमत्कार-प्रधान बनाने से अच्छे गायकों को यथासम्भव बचना चाहिए। पं. भातखंडे बुद्ध की तरह संगीत के छात्रों में स्वस्थ प्रश्नाकुलता को प्रोत्साहित करने के पक्षधर थे। ताकि मूर्च्छना तथा ग्राम जाति जैसे बिन्दुओं पर परम्परा के शुद्ध रूप से वे परिचित तो रहें लेकिन यह भी समझें कि कालक्रम में

गायन बदलता है और इसमें प्रतिभाशाली गायक-वादकों की स्वस्थ प्रयोगधर्मिता का कितना महत्त्व होता है।

पर यह एक विडम्बना ही कही जाएगी कि जिस समय भातखंडे जी और पं. विष्णु दिगम्बर पलुस्कर रागदारी संगीत को शहरी मध्यवर्ग के बीच प्रचारित करने और उसकी शुद्धता बहाल कर समाज को सुसंस्कृत बनाने की प्राणपण से कोशिश कर रहे थे, उस समय भी आम भारतीय समाज में शास्त्रीय संगीत के प्रेमियों और शिष्ट समाज के प्रतिनिधियों में से कुछ अपवाद छोड़कर शेष रजवाड़ों या ताल्लुक़ेदारों की महफ़िलों या कोठों में गाने-बजानेवालों की बिरादरी को लेकर कोई गहरा लगाव या आदर-भाव नहीं बन सका था। जब से ध्रुपद-गायकी नाना सामयिक वजहों से मन्दिरों के आँगन से निकलकर रजवाड़ों के संरक्षण में आ गई और ख़याल-गायकी का विकास हुआ, तो नए आश्रयदाताओं की रुचि अनुसार संगीत की अदायगी के रूप और बन्दिशों के बोलों में भी भक्ति की बजाय शृंगार रस का परिपाक ही अधिक दिखाई देने लगा। इस बदलाव को लखनऊ के दरबारी संगीत और वाजिद अली शाह की चलाई नायाब रहस-परम्परा से जुड़े पतनशील आचरण के क़िस्सों ने और भी गहरा किया।

संगीत तथा नृत्य के भारी मर्मज्ञ वाजिद अली शाह अपने विभक्त मन वाले युग के ही प्रतिनिधि थे। एक तरफ़ तो उनका पारम्परिक कलारूपों से गहरा लगाव और अन्तरंग परिचय था, दूसरी तरफ़ बार-बार ब्रिटिश सरकार द्वारा अपमानित और सत्ता-वंचित किए जाने से उनके जीवन में एक पतनशील वृत्ति भी आ घुसी थी। उसके चलते उनका हरम कमउम्र तवायफ़ों, बिगड़ेदिल रईसों, कुटनियों और आपत्तिजनक क़िस्म के भाव-विलास का भी केन्द्र बन चला। उनके लिए जब 'अमानत' ने कत्थक और रहस-संगीत के मेल से ऑपेरा मूलक इन्दरसभा लिखी तो उसमें वे ख़ुद इन्दर राजा के मुख्य रोल में कमसिन परियों से रास रचानेवाले बनकर उतरे। इससे उनको हटाने की अंग्रेज़ बहादुर की कोशिशों को नया बारूद मिल गया, लेकिन साथ ही संगीत-नाटकों का एक नया दौर भी शुरू हो गया जिसमें पेशेवर नाचने-गानेवालियों का प्राधान्य था। बाद को इसी रहस से नौटंकी परम्परा निकली जिसे छोटे शहरों तथा गाँवों में नए संरक्षक मिले और नाटककारों, नटों, उस्तादों तथा बाजीगरों के साथ लखनऊ से उजड़ी सैकड़ों पेशेवर गायिकाएँ भी भुखमरी से बच सकीं। अलबत्ता पहलवानों या छोटे शहरों और गाँवों के बड़े किसानों की रुचि तथा सरपरस्ती का केन्द्र बनकर बाद को यह कलारूप काफ़ी अधिक फूहड़ और अशिष्ट भी होने लगा। इसी सबके कारण भारतेन्दु हरिश्चन्द्र सरीखे पुराने रसिकजन हर नए गायन स्वरूप को हल्की गायकी और महिलाओं को नटनियाँ तवायफ़ें मानकर नाक सिकोड़ते रहे। भले ही उसका थिएटर अथवा मेलों-ठेलों की नौटंकी की देहाती और वे ख़ुद कई बार सहर्ष आस्वाद क्यों न लेते रहे हों। उनकी नाक-भौंह सिकुड़ाई के

कारण महफ़िलों में भी जहाँ अन्य सम्भ्रान्त लोगों को बैठने को आसन दिए जाते थे, बीसवीं सदी की शुरुआत तक नट, भाँड़, गायक और नर्तक दरबार में पीछे बिठाए जाते थे और उनके संगतकार तो खड़े रहकर ही वाद्ययंत्रों पर उनकी संगत करते थे।

मेरी नानी का बचपन लखनऊ में बीता था जहाँ उनके पिता रजवाड़ों के बीच एक नामी सर्जन थे और अक्सर बड़ी महफ़िलों में सपरिवार न्योते जाते थे। नानी बताती थीं कि किस तरह टमटम पर चढ़कर इस दुर्लभ कला का स्वाद लेने उत्तेजना से कूदते हुए वे और उनके भाई माता-पिता के साथ महलों में जाते थे। वहाँ उनके भाई तथा पिता मर्दाने में और वे तथा उनकी माँ ज़नाने में चिक के पीछे से कालका बिन्दा जैसी मशहूर कत्थक नर्तकों की जोड़ियों के नृत्य या उस्ताद अलाँ-फलाँ या अमुक बाई के दैवी संगीत का लुत्फ़ लेते थे। नानी कहती थीं कि उनको बस एक बात सदा जी में खटका किए थी कि साज़िन्दे रात-रात भर चलनेवाली इन महफ़िलों में बैठकर बजाने को क्यों अधिकृत नहीं थे। सारंगी हो कि तबले या पखावज सभी खड़े होकर गले में बँधी झोली के सहारे ही बजाना। अवधी में वे माँ से पूछती रहतीं कि इन जनियन के हाथ-गोड़ नहीं थकत हुइहैं का? काहे भाग नहीं जाते? उत्तर कुछ इस आशय का होता था कि भागकर जाएँगे भी तो कहाँ? दरबार दो जून की रोटी का इन लोगों के लिए एक स्थायी आसरा नाहीं अहिन?

बीसवीं सदी के पूर्वार्द्ध तक आते-आते 'देखा-सीखा-परखा' का पुराना गुरु-शिष्य-परम्परा का फॉर्मूला ग़ायब हो चला था और अंग्रेज़ों की तत्कालीन विक्टोरियाई नैतिकता के असर से संगीत मध्यवर्गीय लोगों और घरों की महिलाओं की नज़र में किसी ख़ास मौक़े पर रईसी साबित करने का माध्यम या सीधे पतनशील विलासिता का पर्याय बन बैठा। विद्वानों और सुसंस्कृत समाज में पैठ कम होते जाने से शास्त्रीय संगीत की दुनिया अन्तर्मुखी, तर्कविमुख और घरानों की आपसी कटुता से कमज़ोर बनने लगी। बाई जी लोगों और उनके संगतकारों तथा गुरुओं के बीच चलते अनेक रसमय प्रसंग 'भली' औरतों के बीच एक चेतावनी के बतौर सुनाए जाते थे। स्त्रियों की समाज में भली (यानी सद्गृहस्थ) और बुरी (यानी गवनिया-नचनियाँ) की दो साफ़ ध्रुवीय श्रेणियाँ थीं जिनके मान्य आचरण के बाबत कुछ बद्धमूल धारणाएँ बन चुकी थीं। इनमें से सबसे बुनियादी यह थी कि कोठेवाली यह बुरी औरतें मर्दों को रिझाकर, पैसा लूटकर भिखारी बना देती हैं। और उसके बाद उनको दरबदर करने में संकोच नहीं करतीं। मर्द ख़ासकर रईस मर्द भोले होते हैं और अक्सर इन औरतों पर सब कुछ लुटाकर ही होश में आते हैं। लिहाज़ा घर की औरतों को यथासम्भव इन बाइयों के साथ परिवार के मर्दों-लड़कों की सोहबत को बरजते रहना चाहिए। इसके बाद दोनों वर्गों की औरतों के बीच कोई बहनापा बनना असम्भव था जबकि विडम्बना यह थी कि कई औरतें अपने पाले की महिलाओं से दूसरे पाले की बहनों को अधिक सुखी मानती थीं। न पारिवारिक विरासत की स्वामिनी कहलानेवाली

महिलाएँ अपने परावलम्बन से ख़ुश थीं, न ही आर्थिक रूप से स्वावलम्बी लेकिन सामाजिक रूप से बहिष्कृत रखी गई नाचने-गानेवाली तवायफ़ों को अपनी परिवारहीन दशा रास आती थी। अलबत्ता इस तरह की सांस्कृतिक ब्रांडिंग से बड़े घरों के रसिक पुरुषों के दोनों हाथों में लड्डू आ गए थे। उनके खेमे ने यह समाज मान्य करा लिया था कि बड़ा रईस पुरुष वह जो घरेलू व्यापार के उत्तरदायित्व त्यागे बिना बाहर जितनी चाहे औरतें रखे। ब्याहता और जायज़ वारिस उसे अपनी घरवाली से मिल जाएँगे और सांसारिक ऐंद्रिक सुख इन औरतों से। लिहाज़ा वे उम्रभर कभी इस तो कभी उस खेमे में आने-जाने को आज़ाद थे। उनके वे बच्चे भी जो अंग्रेज़ों की मातहती में काम करनेवाले अफ़सर बन गए थे या विलायत से पढ़कर निकले थे शास्त्रीय संगीत की दुनिया में जाते भी तो सिर्फ़ टहलने और श्रवण सुख लेने को। बाई जी लोग, उनके साज़ बजानेवालों के हुनर, उनके मानवाधिकारों या कोठों की दुनिया में उनका कोई दख़ल न था, न वे करना चाहते थे। घर के चन्द बिगड़ैल सदस्यों को बड़े ख़ानदान के लोग इस दुनिया में छुट्टा आने-जाने लायक़ मानकर आँखें मूँद लेते थे। इन बिगड़ैल बाबू लोगों की मार्फ़त कभी-कभार बयाना भेजकर बेटा होने, नई बहू आने या बरात ले जाने के समय मुजरेवालियाँ बुलवा ली जाती थीं। यह करवाना समाज में ख़ानदान के लिए प्रतिष्ठासूचक और उनकी रईसी का प्रमाण माना जाता था। अमृता प्रीतम ने इस पर एक बहुत मार्मिक कहानी लिखी भी है—शाहजी की कंजरी। ऐसी प्रतिगामी और परस्पर विरोधी मानसिकता को नए विक्टोरियाई सामाजिक मूल्यों से प्रेरित समाज-सुधारकों की तरफ़ से भी बहुत बल मिलता रहा। आम राय थी कि घरेलू, विनम्र, पुरुष आधीन महिलाएँ असूर्यंपश्या बनी रहें तथा पुरुषों के बीच बेझिझक उठने-बैठनेवाली नृत्य-संगीत की गहन जानकार महिलाएँ स्वैराचारिणी और आकर्षक किन्तु काम निकलने के बाद निहायत त्याज्य होंगी ही।

महाजनो येन गतः स पन्थाः। जैसा बड़े लोग करें वही समाज की रीति बन जाती है। बड़े घरानों की देखादेखी तत्कालीन घरानों के बड़े संगीतज्ञ भी सिर्फ़ बेटों-दामादों, भाई-भतीजों को ही विधिवत् तालीम देते थे। औरतों में बड़ी फ़ीस देनेवाली तवायफ़ें ही उनकी शागिर्दी बहुत अनुनय-विनय के बाद पा सकती थीं। ख़ुद अपने घर की बहू-बेटियों को संगीत-शिक्षा देने से उनको गहरा परहेज़ रहा। अलबत्ता सुन-सुनकर उनमें से कुछ काफ़ी जानकार बन जाती थीं और कई बार एक संगीत घराने के उस्ताद की (जैसा ग्वालियर तथा रामपुर घरानों के साथ हुआ) अन्य बड़े सांगीतिक घरानों में ब्याही गई उस्तादों की बेटियाँ अपने साथ बतौर जहेज़ मायके की बन्दिशें ले जाती थीं। उनको वे ससुराल जाकर घर के पुरुषों को नायाब सोने की पोटली की तरह या तो ख़ुद थमा देती थीं या ससुराल आने पर उनके पिता जामाता को सामने बिठाकर उसे इनका रियाज़ करवाकर कृतार्थ करते। उनके पति अपने

श्वसुर से उनको और भी तराशते और अपनी बीवियों को इस नायाब भेंट की वजह से घर के नए पुरुषों की गायकी साधने के लिए बतौर सलाहकार मान देते थे। लेकिन मंच या महफ़िलों में प्रदर्शन उस्तादों की बहू-बेटियों के लिए पूरी तरह वर्जित रहा। प्रसिद्ध तबलावादक उस्ताद अहमदजान थिरकवा की बेटी के लिए कहा जाता है कि पिता की कई बन्दिशें और उनके निकास का ढंग उनको कंठस्थ रहा आया। बनारस के उस्ताद मोघू ख़ाँ की पत्नी ने तो पति की मृत्यु के बाद पति की धरोहर बाक़ायदा उनके कुछ प्रतिभाशाली हिन्दू-मुस्लिम छात्रों को सौंपी। और लखनऊ के ख़लीफ़ा बड़े मुहम्मद ख़ाँ की बेटियाँ (छोटी बीबी तथा मोटी बीबी) भी नवाबी घरानों के हरम में संगीत की महफ़िलों में युग की प्रथानुसार कमर में तबला बाँधकर बजाती थीं। फिर भी उत्कृष्ट तबलावादकों की जमात में उनका नाम नहीं आता। कभी पर्दानशीनी तो कभी विशुद्ध ओछी मानसिकता के कारण शास्त्रीय संगीत में पुरुषों के अवदान की जितनी चर्चा हुई है उतनी अनेक उन महिलाओं के अवदान तथा क़ुर्बानियों की नहीं जिन्होंने संगीत की मर्मी जानकार होने के बावजूद सामाजिक आग्रह मानकर ख़ुद को घर-गिरस्ती में पूरी तरह होम कर दिया। बहुत कम लोगों को मालूम है कि ग्वालियर के प्रसिद्ध ठुमरी गायक और हारमोनियम को शास्त्रीय संगीत में मान्य दर्जा दिलानेवाले भैया गणपत राव, महाराजा ग्वालियर की प्रेयसी चन्द्रभागा देवी के सुपुत्र थे जो अपने समय की नामी गायिका थीं। भैया गणपत राव की शिक्षा से ही मौजुद्दीन सरीखे अप्रतिम ठुमरी गायक तैयार हुए जिन्होंने कई बड़ी ठुमरी गायिकाओं को सिखाया। लेकिन चन्द्रभागा देवी का नाम काल के गाल में खो चुका है।

आज हम जिन भव्य बड़ी गायिकाओं—केसरबाई, गंगूबाई, मुश्तरीबाई, छोटी मैना, बड़ी मैना, बड़ी मोतीबाई, बेगम अख़्तर या गौहरजान का गाना पुराने साढ़े तीन मिनटिया रिकॉर्डों पर सुनकर ही विभोर होते रहते हैं, वे सब डेरेदार तवायफ़ें थीं जिनको पैसे या अपने मालदार पुरुष संरक्षक के रसूख़ के बल पर ही बड़े घरानेदार उस्ताद गायकों से संगीत की शिक्षा पाने का सौभाग्य मिल पाया था। अफ़सोस, कि गुरु भी युग की मानसिकता के परे अक्सर नहीं होते। इसलिए कुछ अपवाद छोड़कर अधिकतर बड़े गायक व्यक्तिशः इन गायिकाओं का गायन सराहने और शिष्यत्व के बदले उनसे बड़ी फ़ीस वसूल करने के बाद भी अक्सर अपनी इन महिला शिष्याओं से काफ़ी कुछ हिकारतभरा बरताव करते रहे। अपने पट्ट-शिष्यों में उनकी गिनती वे जब करते भी तो चलते-चलते ही। किराना घराने के नामी उस्ताद और संगीत-जगत् की एक दुर्लभ प्रतिभा अल्लादिया ख़ाँ का उदाहरण लें। उनको कोल्हापुर में राज्याश्रय इस शर्त पर मिला था कि वे शाहू महाराज की मुँहलगी प्रिय गायिका कृष्णाबाई की बेटी तानीबाई को तालीम देंगे। यह उन्होंने किया। अपने दो बेटों मंजी ख़ाँ और भुर्जी ख़ाँ सहित तमाम भास्कर बुवा बखले, निवृत्ति बुवा जैसे हिन्दू शिष्यों

को भी अकुंठ रूप से रागदारी गायन में दीक्षित किया, पर लिंगगत भेदभाव से वे भी परे नहीं थे। मुम्बई के जाने-माने रईस निवेशक सेठ विट्ठलदास की रक्षिता केसरबाई को भी उन्होंने सिर्फ़ इसीलिए संगीत सिखाना स्वीकार किया कि सेठ के उस्ताद पर अहसान थे और केसरबाई ख़ुद उन्हें मोटी से मोटी फ़ीस देने तथा उनकी तमाम अपमानजनक शर्तें मानने को तत्पर थीं। केसरबाई असन्दिग्ध रूप से दक्ष गायिका थीं, फिर भी उस्ताद उनसे ताउम्र खिंचे-खिंचे दुराव-छिपाव की ही नीति बरतते रहे, जबकि गुरु की इच्छानुसार 1946 में गुरु की मृत्यु तक केसरबाई ने कोई सार्वजनिक कार्यक्रम नहीं दिया।

तवायफ़ों के प्रति हिकारत उनके पुत्रों को भी विरासत में मिली। संगीतविद् कुमार मुखर्जी के अनुसार उस्ताद के परम प्रतिभाशाली पुत्र बदरुद्दीन (मंजी) ख़ाँ को भी मुजरेवाली बाइयों की संगति से सख़्त परहेज़ था। लेकिन कला का अपना आकर्षण भी तो होता ही है। एक बार केसरबाई को जब उनके पिता तानों का रियाज़ करवा रहे थे तो बाई जी को पेचदार तरीक़े से तार सप्तक के पंचम तक विचरते सुनकर वे बहुत प्रभावित हुए, और रियाज़ कर-करके ख़ुद उसी तान को और भी आगे (अतितार के सा तक) दुहराने में समर्थ हो गए। उनको वह तान दुहराते सुनकर सराहना के बजाय पिता ने उनको एक झापड़ रसीद किया कि घरानेदार गायकी के उस्ताद का बेटा होकर तू एक तवायफ़ से मुक़ाबिला करता है? उस्ताद के अन्य पट्ट-शिष्य निवृत्ति बुवा के अनुसार उस्ताद ने जान-बूझकर केसरबाई को कुछ राग भी ग़लत सिखाए और अपने क़रीबियों को बताते रहे कि किस तरह यह 'औरत बदज़ात नमकहराम है इसलिए उसे मैंने बस इधर-उधर का ही सिखाया है।'

बेलगाँव के एक ग़रीब गानेवालियों के निषाद परिवार में जन्मी गंगूबाई हंगल दूसरी बड़ी गायिका थीं, जिनको गानेवालियों की बेटी होने की वजह से शुरू में काफ़ी अपमानजनक स्थितियों से दो-चार होना पड़ा। उनकी माँ अम्बाबाई ने कर्नाटक शैली गायन में अच्छा नाम कमाया था, लेकिन प्रतिभावान पुत्री की उत्तर-भारतीय शैली गायन में रुझान को देखकर उन्होंने ख़ुद अपना गायन छोड़ा और बहुत कष्ट उठाकर गंगूबाई को तत्कालीन प्रसिद्ध संगीत गुरुओं में गिने जानेवाले पं. रामभाऊ कुशागोलकर (जिनको सवाई गन्धर्व के नाम से भी जाना जाता है) के पास सीखने को भेजा। तब तक परिवार का बोझ भी गंगूबाई पर आ चुका था। फिर भी वे हर रोज़ ट्रेन पकड़कर अपने गाँव हुबली से गुरु के गाँव कुन्दगोल जातीं। वहाँ लोग ताने देते, 'अरे देखो गानेवाली आ गई' कहकर। फिर भी गंगूबाई ने क्रम नहीं तोड़ा, न उनके उज्ज्वल भविष्य से आश्वस्त गुरु ने उनको तालीम देना। बाद को गंगूबाई ने एक साक्षात्कार में (सबीना सहगल से) कहा, 'लोग कहते हैं कि रियाज़ करने के लिए मन में शान्ति होनी चाहिए, पर गृहस्थी के नाना झंझटों से लगातार मेरे मन में चिन्ताएँ बनी रहतीं। तानपूरे के स्वर से भी वह नहीं मिटतीं। फिर भी गाना

नहीं छोड़ा।' 1927 में जब कांग्रेस ने भारतीय संगीत के संरक्षण को बल दिया और बड़े सम्मेलन की प्रार्थना-सभा में अन्य बड़े गायकों के साथ गंगूबाई को न्योता तो गंगूबाई के अनुसार 'उनको वे क्या गाएँगी ?' से अधिक चिन्ता इस बात की थी कि क्या बड़े-बड़े राजनीतिक प्रस्ताव तथा देश-वन्दना के बाद को जब सबको खाना परोसा जाएगा तो कहीं हमेशा की तरह नीची ज़ातवाली होने की वजह से उनको अलग-थलग तो नहीं बिठाया जाएगा? एक कलाकार महिला की यह व्यथित जिज्ञासा हमारे तत्कालीन राज-समाज के बाबत बहुत-कुछ कहती है।

इस तरह के पूर्वग्रहग्रस्त और जकड़नभरे माहौल में बीसवीं सदी का दूसरा दशक आया और धीमे-धीमे बंगाल, पंजाब और महाराष्ट्र के मध्यवर्ग के ब्राह्मसमाज, आर्यसमाज और प्रार्थनासमाज सरीखे सुधार-आन्दोलनों ने जाति-प्रथा और स्त्री-शिक्षा तथा वेश्याओं की दशा को लेकर एक उदार नई मानसिकता के बीज बोना शुरू किया। वैसे तो बड़ोदा के उदारचेता शासक सयाजी राव ने बीसवीं सदी की शुरुआत में ही (अपने मित्र और छावनी के अंग्रेज़ बैंडमास्टर की सलाह से) राज्य में लड़कियों के लिए संगीत की कक्षाएँ शुरू करवाकर शिक्षक के बतौर आगरा घराने के उस्ताद फ़ैयाज़ ख़ाँ साहिब तथा किराना घराने के उस्ताद अब्दुल करीम ख़ाँ साहिब सरीखे गुरुओं को प्रचुर वेतनमान देकर उनसे जोड़ा था। पर भीतरख़ाने बड़े गायक अभी भी अंग्रेज़ी चाल की नोटेशन पद्धति को नाकाफ़ी मानते रहे। और संस्थागत तरीक़े से घरानेदार गायकी सिखाना भी वे पारम्परिक (गुरु-शिष्य) तालीम की तुलना में अच्छा नहीं समझते थे। शुरू में उनको हिचकिचाते देखकर सयाजी राव ने अपने दरबार के एक कला-प्रशासक को सार्वजनिक संगीत स्कूल के मार्फ़त भले घर की महिलाओं को व्यवस्थित तरीक़े से नोटेशन पद्धति से बेझिझक सिखाने की व्यवस्था की। यह कला-प्रशासक एक पहलवान संगीतज्ञ मौलाबख़्श घिस्से ख़ाँ थे जो राज्य की सरपरस्ती में पल रहे पेशेवर गायक-गायिकाओं को भर्ती कराने फिर उनका मेहनताना तय और योगदान की समीक्षा करने के लिए निजी पूर्वग्रहों से बोझिल एक पेचीदा प्रशासकीय व्यवस्था बना रहे थे। शुरू में मौलाबख़्श भी उन बड़े उस्तादों, पेशेवर गायिकाओं के उपहास और ग़ुस्से का शिकार बने, जो उनसे कई वजहों से नाख़ुश थे। लेकिन राजा साहिब का हाथ सर पर था, बात बढ़ी नहीं। अब अक्सर ग़रीबी से जूझते रहे कई बड़े उस्ताद भी रुपया नगदी भाँपकर बेमन से इस उपक्रम में शामिल होने लगे।

जब एक बार बड़ोदा ने संगीत-शिक्षा को मध्यवर्गीय घरों तक ले जाने की व्यवस्था तथा ज़मीन तैयार करके दिखा दिया कि भारतीय मध्यवर्ग इस शिक्षण पद्धति को सराहता है तो अन्य बड़े शहरों तथा राजदरबारों की भी शिक्षण-संस्थाएँ चालू होने लगीं। ग़ौरतलब है कि अब तक काश्मीर से तमिलनाडु तक पूरे भारतीय राज-समाज में सुधारवाद तथा भारतीय स्वदेशी आन्दोलन की बयार बहने लगी थी।

तिलक, गोखले तथा ज्योतिबा फुले के राष्ट्रवादी और स्त्री-शिक्षा-समर्थक विचारों तथा बापू की प्रार्थना-सभाओं का संगीत मध्यवर्गीय मानसिकता को बदल रहा था। भक्ति-गायन की पुनर्स्थापना में बापू की प्रार्थना-सभाएँ बड़ा कारक तत्त्व बन गईं और राष्ट्रीय पहचान से जुड़ चुके शास्त्रीय संगीत को अपने घर के बच्चों को सिखाने के लिए मुम्बई के नवोदित शहरी मध्यवर्ग ने नए उपक्रम को सहर्ष स्वीकृति देना शुरू किया।

इस मोड़ पर पारम्परिक हिन्दुस्तानी शास्त्रीय संगीत को घरानेदार गायकी में सिमटी सीमित गुरु-शिष्य-परम्परा से निकालकर उसे करोड़ों मध्यवर्गीय घरों (ख़ासकर महिलाओं) तक पहुँचाने में दो संगीत शास्त्रज्ञों पं. विष्णु दिगम्बर पलुस्कर (1872-1945) और पं. भातखंडे (1860-1936) का अविस्मरणीय योगदान रहा। 1922 में पं. भातखंडे ने अपने एक मित्र राय उमानाथ बाली को लिखे अपने पत्र में इस बात को लेकर गहरी चिन्ता जताई थी कि हिन्दुस्तानी संगीत के पुराने संरक्षकों की ख़ाली जगह भरने के लिए नए लोग या संस्थाएँ सामने नहीं आ रही हैं और तमाम बड़े उस्ताद तथा गुरु एक-एक कर अतीत बन रहे हैं। कहीं ऐसा न हो कि जब तक देशवासी इस उदात्त राष्ट्रीय धरोहर को लेकर जागें, देश में पाँचवे-छठे दर्जे के संगीतकार ही बच रहे हों। ख़ुद वे नज़ीर ख़ाँ साहिब और जयपुर के आशिक अली साहिब के गंडाबन्द शागिर्द भी थे। पत्नी-पुत्र की असमय मृत्यु के बाद 40 वर्षीय भातखंडे जी ने अपना शेष सारा जीवन संगीत-प्रचार तथा पाठ्यपुस्तकें तैयार करने को अर्पित कर दिया। इस सन्दर्भ में उन्होंने सारे देश का भ्रमण कर, हर राज्य में विराजमान पारम्परिक संगीतज्ञों से ध्रुपद तथा ख़याल-गायकी की तमाम पुरानी बन्दिशों को संकलित करने, संगीत की शास्त्रीय बारीक़ियाँ बड़े उस्तादों गुरुओं से लेने और उनको (पश्चिमी पद्धति के स्टाफ़ नोटेशन द्वारा) लिपिबद्ध करने का महती बीड़ा उठाया। साथ ही मुम्बई की गायन उत्तेजक मंडली के शिक्षक भी वे बन गए। उनके अनुरोध से मुम्बई की मुंसिपाल्टी ने 1917 में प्राइमरी कक्षाओं में भी बच्चों को संगीत विषय सिखाना शुरू कर दिया। रागदारी संगीत को आसानी से समझाने के लिए भातखंडे ने 'हररंग' उपनाम से कई लक्षण गीत रचे जिनमें रागों के आरोह, अवरोह तथा चलन उल्लिखित हैं। 300 के लगभग स्वरमालिकाएँ बनाईं और हिन्दुस्तानी संगीत-पद्धति पर आधिकारिक ग्रन्थ लिखे। यह सभी संगीतकारों में लोकप्रिय तथा मान्य हुए और आज भी लाखों शिक्षकों और छात्रों द्वारा लगातार प्रयोग में लाए जा रहे हैं।

बदलते समय में पारम्परिक संगीत-शिक्षा में बदलाव की ज़रूरत समझने-समझाने के लिए बड़े संगीतविदों को जमा कर भातखंडे जी ने 1916 में बड़ोदा और 1918 में दिल्ली में दो बड़े संगीत-सम्मेलन किए जिनमें सम्भवत: पहली बार हर बड़े घराने के प्रतिनिधि आए और रागदारी संगीत पर खुलकर चर्चा तथा विचारों का

आदान-प्रदान हुआ। इसके बाद लखनऊ के मैरिस कॉलेज के अलावा मध्य भारत में भी संस्थाएँ बनाने का सिलसिला राजे-रजवाड़ों की मदद से शुरू हुआ। 1916-17 में हीरजी भाई डॉक्टर की मदद से उन्होंने बड़ोदा में राजकीय संगीत विद्यालय की स्थापना की जिससे अता हुसैन ख़ाँ, उस्ताद फ़ैयाज़ ख़ाँ साहिब और निसार हुसैन ख़ाँ साहिब जैसे गुरुओं को भी जोड़ा। 1917 में उनसे ग्वालियर महाराजा माधव राव सिन्धिया ने अपने राज्य में भी एक वैसा ही स्कूल खोलने का अनुरोध किया। 1918 में राजा भैया पूँछवाले के नेतृत्व में वहाँ भी 1918 में माधव महा संगीत विद्यालय की स्थापना हुई। आज यह जीवाजी विश्वविद्यालय का अंग है।

हिन्दुस्तानी शास्त्रीय संगीत की लुप्तप्राय बन्दिशों और रागदारी संगीत का तर्कसंगत तथा वैज्ञानिक विवेचन करने के भातखंडे जी की क्रमिक संगीत पुस्तकमालिका तथा हिन्दुस्तानी संगीत-पद्धति-विषयक आधिकारिक ग्रन्थ संगीत के शाखा और पल्लवों को जड़ों से जोड़ते हुए निडरता से पारिजात रत्नाकर क़िस्म के पुराने ग्रन्थों की उपादेयता को रेखांकित करते हैं। साथ ही वे उपलब्ध समसामयिक तथ्यों की वैज्ञानिक बुनियाद पर उन्नीसवीं तथा बीसवीं सदी के संगीत के लोकमान्य स्वरूपों में समयानुसार बदलाव लाकर उसे आगे ले जाने की राह भी दिखाते हैं। लखनऊ उन्नीसवीं सदी में संगीत का गढ़ रहा पर अब वहाँ तमाम बिखराव था। लिहाज़ा 1926 में भातखंडे जी ने बन्धुद्वय राय उमानाथ बाली तथा राय राजेश्वर बाली के साथ मिलकर लखनऊ में संगीत महाविद्यालय की नींव रखी जिसका नाम प्रान्त के तत्कालीन गवर्नर सर विलियम मैरिस के नाम पर रखा गया—मैरिस कॉलेज। 1966 में प्रान्तीय सरकार ने नाम बदलकर रखा भातखंडे संगीत संस्थान। आज यह विश्वविद्यालय की मान्यता पा चुका है।

पं. भातखंडे की ही तरह महाराष्ट्र के एक कीर्तनकार परिवार में जन्मे पं. विष्णु दिगम्बर पलुस्कर ने भी भारत के पारम्परिक संगीत की धारा में नवोन्मेषी तत्त्वों को जोड़ा। रागदारी पर आधारित सूर, मीरा, तुलसी, कबीर, नरसी मेहता, दादू दयाल, नानक सरीखे सन्त कवियों के बनाए भक्ति-संगीत की सूखती शास्त्रीय जड़ों का सिंचन कर उन्होंने शास्त्रीय संगीत के लेखन-पद्धति तथा भावनात्मक पक्ष को सँवारा और अपने पट्ट-शिष्यों की मदद से उस संगीत को बापू की सभाओं से आम जन के हृदय तक ले गए। 1907 में जब तिलक जेल गए तो उन्होंने 'पगड़ी सँभाल जट्टा' और 'सारे जहाँ से अच्छा' रचनाओं को संगीत में ढालकर देशभक्ति के लोकप्रिय गानों की शक्ल दी। 1915 की इंडियन नेशनल कॉन्फ्रेंस में उन्होंने इनके अलावा वन्दे मातरम् गाया। 1918 से 1926 तक सालाना संगीत-संगोष्ठियाँ आयोजित करके उन्होंने भातखंडे जी का काम आगे बढ़ाया, संगीत के साज़ों के स्वरूप और उपयोग पर कार्यशालाएँ आयोजित कीं, और लगातार खुल रहे संगीत विद्यालयों के शिक्षकों के प्रशिक्षण के लिए भी व्यवस्था कराई।

पैसे का अभाव उनकी जानी-मानी कृति भारतीय संगीत लेखन पद्धति (संगीत प्रिंटिंग प्रेस, नासिक से प्रकाशित) के बाद भी उनके साथ लगातार रहा। पर 1901 में तीन बरस नाना स्रोतों से धन जमा करने के बाद वे अन्ततः लाहौर में पहले गान्धर्व महाविद्यालय की स्थापना कर पाए।

अपने यहाँ कुछ भी नया हो तो बड़े से बड़े अवदान के लिए भी आलोचकों की फ़सल कभी कम नहीं पड़ती। कुछेक नए आलोचकों में इन दो मान्य मराठी ब्राह्मणों के चिन्तन से कहीं न कहीं संगीत का सेकुलर स्वरूप दुष्प्रभावित हुआ और भक्तिपरक संगीत से कहीं न कहीं एक सीमित क़िस्म के हिन्दुत्व की अवधारणा बलवती हुई जिसने कालान्तर में शास्त्रीय संगीत की मिली-जुली हिन्दू-मुस्लिम धरोहर में मुस्लिम उस्तादों तथा उनके हिन्दू शिष्यों की उदारचेता परम्परा के योगदान को नकारा। साम्प्रदायिकता की ज़हरभरी फ़सल भी इस समय तक बोई जा चुकी थी लिहाज़ा जब 1918 की कांग्रेस गोष्ठी में उन्होंने वन्दे मातरम् गाया तो जिन्ना ने उसकी आलोचना की।

ख़ुद संगीतकार बिरादरी में भी संगीत-शिक्षण में नए-नए मानक बनने से शास्त्रीय संगीत का स्वरूप सीमित बन रहा है, हर ज़ात-क़ौम के बच्चों को इस पवित्र संगीत की तालीम हम किसलिए दें? वग़ैरह...कहनेवाले संकीर्ण मनवालों की भी कमी न थी।

सचाई तो यह है कि मानकीकरण के लिए इन गुरुद्वय को कोसनेवाले आज भी अन्ततः पं. भातखंडे तथा पं. पलुस्कर के ही ग्रन्थों में ज्ञान खोजते हैं। और पं. पलुस्कर के भक्ति-संगीत के असर को महज़ हिन्दुओं से जोड़कर उसे धर्म-सापेक्ष बतानेवाले भी तब निरुत्तर हो जाते हैं, जब हम संगीत के क्षेत्र में उनको अकृपण भाव से तमाम हिन्दू-मुसलमान उस्तादों के दिए सहयोग की याद कराते हैं। यदि संगीत इतना ही साम्प्रदायिक होता तो क्या अल्लादिया ख़ाँ साहिब और निवृत्ति बुवा सरनाइक या उस्ताद मुहम्मद अली तथा हरिवल्लभ आचार्य (गलतेवाले), नत्थन पीरबख़्श ख़ाँ तथा पं. शंकर राव या बेगम अख़्तर तथा शान्ति हीरानन्द सरीखे दो धर्मों के गुरु-शिष्यों की प्रसिद्ध जोड़ियाँ बन पातीं? विद्वान कुमार मुखर्जी का सुनाया एक ही क़िस्सा हिन्दू बनाम मुस्लिम अनबन तथा ईर्ष्या-विषयक इस तरह की कानाफूसी को सिरे से खोखला साबित करता है। क़िस्सा कुछ इस तरह है कि आगरा घराने के उस्ताद मुश्ताक़ हुसैन, मैहर के उस्ताद अलाउद्दीन ख़ाँ और ग्वालियर के राजा भैया पूँछवाले भातखंडे जी द्वारा स्थापित लखनऊ के प्रसिद्ध संगीत संस्थान मैरिस कॉलेज में परीक्षक बनकर आए। एक हिन्दू ब्राह्मण छात्र प्रभाकर चिंचोरकर का गायन सुनकर मुश्ताक़ हुसैन साहिब इतने प्रभावित हुए कि बोले, 'इसे सौ में से सौ नम्बर तो दिए ही जाएँ, और मेरी तरफ़ से बतौर इनाम उसमें पन्द्रह-बीस नम्बर और जोड़ दें!' दूसरा क़िस्सा है कृष्णराव शंकर (ग्वालियर घराना) के दादा विष्णु पंडित का

जो कीर्तनिया थे और संस्कृतज्ञ भी। उन दिनों के जाने-माने उस्ताद हद्दू ख़ाँ जो राजदरबार के गायक थे, उनके भजन बड़े प्रेम से सुनते और उनसे संस्कृत श्लोक भी सीखते थे।

कुछेक आलोचकों ने राजदरबारों में पं. पलुस्कर तथा भातखंडे जी की भागीदारी तथा छात्रों द्वारा ब्रिटिश राष्ट्रगान या वन्दे मातरम् गवाने और उनकी शिक्षण शालाओं में कठोर अनुशासन की भी ख़ूब कड़वी निन्दा की है, लेकिन उस समय पतनशील सामन्ती समाज और घरानादारी की संकीर्ण मनोवृत्ति से उबारकर संगीत को वृहत्तर समाज में स्वीकार्यता दिलवा सकने में राजकीय संरक्षण और अनुशासन दोनों का कितना केन्द्रीय महत्त्व बनता था, इसे कोई नहीं नकार सकता। जब आज़ादी-आन्दोलन ने लय-ताल पकड़ी तो पलुस्कर भी अपने छात्रों सहित स्वदेशी आन्दोलन से जुड़ गए। ग्वालियर का माधव संगीत महाविद्यालय उनकी ही प्रेरणा से बना। 1932 में उनकी मृत्यु के साल भर बाद उनके तराशे प्रतिभावान गायक छात्रों—नारायण राव खरे, पं. कशालकर, शंकर राव व्यास, वी.एन. पटवर्धन तथा कुछ अन्य ने अहमदाबाद में गान्धर्व महाविद्यालय मंडल की नींव रखी, जो पं. पलुस्कर के सपनों की संस्थाओं का 1946 में अखिल भारतीय केन्द्र बना और आज तमाम महत्त्वपूर्ण ऐतिहासिक दस्तावेज़ों तथा ग्रन्थों का संग्रहालय भी है। इनमें ही 1911 में महिलाओं के लिए पं. विष्णु दिगम्बर जी द्वारा ख़ासतौर से प्रकाशित 16 पन्ने की 'महिला-संगीत' नामक पुस्तिका भी है। दो आना मूल्य की इस लघुकाय पुस्तिका से भक्ति-संगीत की मार्फ़त संगीत के सुन्दर, सुरुचिपूर्ण और सही स्वरूप संगीत की किताबों से वंचित रखी गई घर की महिलाओं के बीच न जाने कितनी जानकारी जा पहुँची। नारीवादी दृष्टि से पं. पलुस्कर की तैयार की गई यह नितान्त अहिंसक गांधीवादी छलाँग असूर्यंपश्या महिलाओं को संगीत की वृहत्तर दुनिया से जोड़नेवाली एक कूटनीतिक फ़तह थी। लोग जो कहें, पर यह हम नकार नहीं सकते कि महिलाओं की रखवाली कर रहे कट्टरपन्थी पुरुषों की जिस व्यूह-रचना को क़ानूनी धमकी या महज़ काग़ज़ी सुधारवाद के सहारे भेद पाना असम्भव था, उसे भक्ति की पीठ पर सवार संगीत ने बिना शोरोग़ुल कर दिखाया।

एक बार जब हमारे शहरी मध्यवर्ग ने शास्त्रीय संगीत की दुनिया के प्रति अपने पूर्वग्रह छोड़े और साथ ही ऑल इंडिया रेडियो ने और आगे बढ़कर पेशेवर पारम्परिक गायिकाओं को पहली बार वह सम्मान तथा श्रोता दिलाना शुरू किया जिनकी वे सचमुच अधिकारिणी थीं, तो हर धर्म, वर्ग तथा उम्र के पेशेवर गायक-गायिकाओं के लिए सम्मानजनक वातावरण बना और मध्यवर्ग के युवाजनों के लिए शास्त्रीय संगीत-शिक्षण-संस्थाओं की तहत विधिवत् शुरुआती तालीम पाने की राह खुल गई। इन संस्थाओं ने अपने परिमाण के हिसाब से भले ही बहुत सारे नए संगीतज्ञ न भी बनाए हों, लेकिन उन्होंने निश्चय ही करोड़ों घरों के भीतर संगीत के शास्त्रीय

स्वरूपों की बुनियादी जानकारियाँ पहुँचाकर उनके लिए आम जन के बीच गहरी रुचि और आदर पैदा कर दिया जो आज भी बरक़रार है। '60–70 के बीच रविशंकर ने जब विलायती पॉप गायक बीटल्स को तालीम देना शुरू किया तो यंत्र संगीत, ख़ासकर सितार में युवा लोगों की रुचि कुछ अधिक हुई, पर जल्द ही यह बगूला बिला गया। ध्रुपद–धमार की गायकी और पखावज सरीखे वाद्य अब ग़ायब ही हो चले हैं या हॉट हाउस में उगाए ऑर्किड के फूल सरीखे कभी–कभार दिख जाते हैं। भारत के नौजवानों की एक दूसरी अनिवासी पीढ़ी, जो बाहर पल–बढ़ रही है, इधर नई तकनीकी की मदद से पारम्परिक संगीत के रूपों में गहरी और गम्भीर रुचि लेने लगी है। भगवान उनका मार्ग प्रशस्त करें।

आज़ादी के बाद ज़मींदारी प्रथा ख़त्म हुई, बेचारे तमाम छोटे–बड़े कलाकार एक बार फिर रातोंरात बेकार हो गए। बहुत नामी–गिरामी संगीतकार तो तब भी रेडियो या निजी महफ़िलों में गा–बजाकर जीवन यापन करते रहे, बिचौले स्तर वाले छोटे शहरों में संगीत ट्यूशन में 'पिया की नजरिया जादूभरी...' वग़ैरह की चलताऊ गायकी बिगड़े–दिल रईसों या शीला धर सरीखी बड़े घरों की बच्चियों को ख़ासे झक्की या फिर एकदम घिसे–पिटे तरीक़े से सिखाने लगे। कई संगीत घरानों की नई पीढ़ी के बच्चे पैतृक धन्धा छोड़कर दुकान वग़ैरह खोलने की तरफ़ चल निकले। इस माहौल में दूरदर्शी गुरुद्वय पं. पलुस्कर और भातखंडे के खड़े किए महाविद्यालय और उनसे जुड़े लखनऊ के श्री रातंजनकर और दिल्ली के श्री विनयचन्द्र मौदगल्य तथा सुश्री सुमति मुटाटकर, बनारस की प्रेमलता शर्मा सरीखे विद्वान और विदुषियाँ दीपस्तम्भ बनकर खड़े रहे और तमाम बड़े संगीतकार इन संस्थाओं से किसी न किसी रूप में जुड़े—कभी उनके द्वारा आयोजित संगीत के नियमित कार्यक्रमों तथा गोष्ठियों में और कभी अनियतकालीन शिक्षक बनकर। इन सभी ने राज–समाज से कई बार उलझने के बावजूद आज देश भर के मध्यवर्गीय समाज में रागदारी संगीत के बारे में जो सदय समझदारी भरा माहौल बनाया है, उम्मीद है उसे नई तकनीकी से पुष्ट बनाकर नई पीढ़ी और भी आगे बढ़ाएगी।

यह सर्वज्ञात सचाई है कि किसी भी शिक्षा के फैलाव के साथ स्थान–काल–पात्र की भिन्नता की वजह से संस्थानों की शाखाओं की कमतर और बेहतर श्रेणियाँ बनने लगती हैं। हमारे संगीत महाविद्यालय और विश्वविद्यालयों में उनकी विभागीय पढ़ाई का स्तर इसका अपवाद नहीं है और सभी जगह एक सरीखे पाठ्यक्रम भी एक से श्रेष्ठ मानक नहीं बना सकते। इन संस्थाओं में लांड्री के पिछवाड़े चलाई जानेवाली कक्षाएँ हैं, तो कोलकाता की आई.टी.सी. एकेडमी, दिल्ली के गान्धर्व मंडल, लखनऊ के भातखंडे कॉलेज, भोपाल के ध्रुपद महाविद्यालय और बनारस हिन्दू यूनिवर्सिटी के म्यूज़िक कॉलेज सरीखे पुराने गुरुकुलों के आधुनिक संस्करण भी, जिनसे आज़ादी के बाद के सालों में देश के तमाम घरानों के बेहतरीन कला–गुरु

और उस्ताद बड़े प्रेम से लगातार जुड़े हैं। और वहीं से एन. राजम, अजय चक्रवर्ती तथा राशिद ख़ाँ सरीखे प्रतिभावान संगीतज्ञ भी निकले हैं।

हमारे ये सभी बड़े संगीतकार और वाग्गेयकार इसलिए हिन्दुस्तानी नहीं हैं कि वे किन्हीं ख़ास विचारों या आदर्शों या धर्म के प्रवक्ता हैं, उनका देश के करोड़ों कला-प्रेमियों के साथ इससे कहीं गहरा जुड़ाव है क्योंकि वे आज़ाद हिन्दुस्तान की ज़िन्दगी की जटिल लय को किसी भी वैचारिक आग्रह से मुक्त रहकर इतनी ख़ूबसूरती के साथ मंच से सिनेमा में पार्श्वगायन तक संगीत के द्वारा अभिव्यक्त कर पाते हैं। अपनी कला को हर बड़ा संगीतकार अपनी दुनिया से जाने से पहले अपने लोगों से साझा करना चाहता है। एक ज़माने में अब्दुल करीम ख़ाँ साहिब सरीखे गुरु ने भी अठन्नी में हॉल किराए पर लेकर पब्लिक की मदद से संगीत-स्कूल चलाए थे। 1947 के बाद उजड़ी-बसी दिल्ली में विनयचन्द्र मौदगल्य ने चन्दा जमा कर बरसों में गान्धर्व महाविद्यालय सरीखी संस्था खड़ी की थी, पर इससे उन सबकी नैसर्गिक प्रतिभा टूटी हो, इसका कोई प्रमाण नहीं। कला का क्षेत्र पूर्ण समर्पण और ज्ञान के प्रति लगाव माँगता है, रुपया अथवा तकनीकी नहीं। इसलिए महिलाओं को भी संगीत में नाम कमाना हो तो उनको गंगूबाई की ही तरह पूर्णरूपेण अपने गुरु तथा कला को समर्पित होना पड़ेगा। यहाँ छुई-मुई बनकर आरक्षण माँगना या भड़कीली पोशाक तथा नाज़-ओ-अन्दाज़ से बिगड़ैल स्वरों की कमी ढँकने की चेष्टा बेकार है। यह राह कठिन है कौन नहीं जानता! लेकिन कला की कौन-सी राह सरल है भला!

विदुषी किशोरी अमोनकर ने श्री लक्ष्मीनारायण गर्ग तथा मदनलाल व्यास को दिए अपने एक साक्षात्कार (संगीत पत्रिका के महिला संगीत अंक जनवरी-फरवरी 1986 में प्रकाशित) में बहुत मर्मस्पर्शी बात कही है : '...यह (संगीत) नादब्रह्म की उपासना का...स्वर साधना का मन्दिर है।...संगीत अन्दर की भाषा है...अन्दर देखने के लिए साधना के अलावा कोई रास्ता नहीं है।...स्वर क्या चीज़ है? यह स्वानुभव से आता है, परानुभव से नहीं। सिखाने में गुरु रास्ता दिखाता है, चलना ख़ुद को ही पड़ता है।...'

संगीत-शिक्षा का अन्तिम ध्रुव सत्य यही है।

संगीत-रिकॉर्ड की दुनिया में स्त्री

हीराबाई बढोकर

भारत और यूरोप की शास्त्र-परम्परा कहती है कि यह सारी सृष्टि नाद यानी ध्वनि से उपजी है। वेद-शास्त्र की व्यवस्था न माननेवाले योगी भी नाद की महत्ता स्वीकार करते हैं और निर्गुणिया सन्त भी मानते रहे कि यह सारी कायनात सबद से उपजी और बँधी हुई है। सुरति यानी स्वरों की युति और निरति यानी लय-ताल मिलकर जो दिव्य संगीत बनता है, निरंकार परमेश्वर उसी की मार्फ़त अपने को व्यक्त करता है। लेकिन संगीत की ध्वनियों को वैज्ञानिक तकनीकी से दर्ज कर, उनको तकनीकी की मार्फ़त प्रसारित कर पाने की क्षमता यूरोप में थॉमस एडिसन की (नई और तुरन्त हिट हुई) ईजाद फ़ोनोग्राफ़ के रूप में 22 दिसम्बर, 1877 को आई और बीसवीं सदी की शुरुआत में विलायत की ग्रामाफ़ोन कम्पनी प्राइवेट लिमिटेड (जिसका प्रसिद्ध लोगो एक फ़ोनोग्राफ़ पर हिज़ मास्टर्स वॉयस सुनता कुत्ता था जो बाद में एच.एम.वी. कम्पनी का लोगो बना) की मार्फ़त घर-घर जा पहुँचा।

भारत में उस समय संगीत की तालीम गुरुओं तथा उस्तादों द्वारा सीना-ब-सीना (आमने-सामने बैठकर) ही दी जाती थी। उनमें से अधिकतर का दृढ़ विश्वास था कि गाना-बजाना भले ही सार्वजनिक विधा हो, लेकिन तालीम की विधि और घराने की ख़ास 'चीज़ें' यानी दुर्लभ रागदारी संगीत की बन्दिशें और स्वर भरने के तरीक़े सिर्फ़ अपने ही घराने के पट्ट-शिष्यों तक गोपनीय तरीक़े से पहुँचाए और जतन से गोपनीयता बरतते हुए संरक्षित किए जाने चाहिए। यदि किसी परदेसी मशीन की सीमाओं की तहत सिर्फ़ तीन मिनट के भीतर गाई गई रागदारी संगीत की एक पूरी बन्दिश फ़ोनोग्राफ़ में भर कर रिकॉर्ड (जिसे तवा कहा जाने लगा था) के रूप में बाज़ार में बिकने लगी तब तो अनर्थ हो जाएगा। उनकी रोज़ी-रोटी तो ख़तरे में पड़ेगी ही, हर तरह के नासमझ अवगुणी उनके पुरखों की दिव्य परम्परा की पवित्रता जब मन चाहे घर ले जाकर समय-असमय उनका गाना तवे पर बजाते रहेंगे।

बहरहाल, इन सब महानुभावों के भय और आपत्तियाँ दरकिनार करते हुए नवम्बर 1902 में 7 इंची तवों पर दि ग्रामाफ़ोन एंड टाइपराइटर कम्पनी के तहत (एफ.डब्ल्यू. गाइसबर्ग और ज्यॉर्ज दिलनट द्वारा) भारतीय कलाकारों के गायन की कमर्शियल रिकॉर्डिंग करने का सिलसिला बिठाया गया। अब सवाल उठा कि रिकॉर्ड किस-किस को किया जाए? गाइसबर्ग महोदय कोलकाता के पुलिस कमिश्नर की मदद से शहर में घूम-घूमकर थिएटर और महफ़िलों में जा-जाकर संगीत की प्रतिभाओं का जायज़ा लेने लगे। उनके कान एक भिन्न पाश्चात्य परम्परा के तहत तैयार हुए थे, जो स्थिर (टेंपर्ड) स्वर-पद्धति पर चलती है। स्वरों के बीसेक श्रुति आधारित रूपों, मीड़, गमक और मुरकियों से भरा भारतीय संगीत उनको कर्णकटु लगा। कम्पनी के एजेंट जॉन वॉट्सन हॉड ने इस बिन्दु पर शास्त्रीय और नाट्य-संगीत के दो अनुभवी जानकारों—पारसी थिएटर कोरिंथियन कम्पनी के मालिक जमशेद जी फ्राम जी मदान और बंगाली दि क्लासिक थिएटर कम्पनी

के प्रमुख अमरेन्द्रनाथ दत्ता से मदद माँगी। गुरुओं, उस्तादों की साफ़ अनिच्छा देखते हुए तय किया गया कि दो कमसिन बंगाली तवायफ़ों—14 वर्षीया शशिमुखी और 16 वर्षीया फनीबाला—के गाए कुछ गाने और दोगाने रिकॉर्ड कर इस नए करिश्माती अजूबे को बाज़ार में उतारकर जनता की रुचि परखी जाए। हालाँकि गाइसबर्ग महोदय की राय में दोनों बालिकाओं की आवाज़ ख़राब (मिज़रेबल) थी पर उनके रिकॉर्ड भद्र लोगों के बीच हिट साबित हुए और कम्पनी को एक बड़ी प्रतिभा की सहमति हाथ लग गई। यह प्रतिभा थी उस समय की मशहूर गायिका और सुन्दरी, मिस गौहरजान कलकत्तेवाली। कम्पनी ने उनको ताबड़तोड़ अनुबन्धित ही नहीं किया अंग्रेज़ी सहित तेरह देशी-विदेशी भाषाओं में उनके गाने भी फटाफट रिकॉर्ड करके लोकप्रिय हिन्दुस्तानी संगीत के 29 दस-इंची तवे बाज़ार में उतार दिए।

तवायफ़ों की भद्रलोक के बीच भारी लोकप्रियता को देखकर उस ज़माने में कलकत्ते के मटियाबुर्ज़ के कलाकार प्यारा साहिब, लालचन्द्र बोराल और मास्टर मदन सरीखे पुरुष गायक भी आवाज़ दबाकर ऊँचे स्त्रियोचित स्वरों में गाने लगे थे। उन्होंने भी इस बहती गंगा में हाथ धोए। फिर तो कलकतिया थिएटर की मशहूर गायिका अभिनेत्रियों-तवायफ़ों की कतार लग गई और 1903 में 550 रिकॉर्डों का पहला संकलन बाज़ार में बिकने को आ गया। उनकी बिक्री से उत्साहित कम्पनी ने अब उत्तर भारत के अन्य शास्त्रीय संगीत-केन्द्रों—लखनऊ, बनारस, दिल्ली, बम्बई, लाहौर और मद्रास की तरफ़ नज़रें डालीं। गाइसबर्ग साहिब दौरे पर निकले, साथ में अनुचरों का भारी-भरकम जमावड़ा भी। रहने के लिए सरकारी गेस्ट हाउस थे और स्थानीय अफ़सरान भारत में पैसा लगाने-कमाने के लिए नए क्षेत्र में उतरी इस कमर्शियल ब्रिटिश कम्पनी के स्वागत में पलक-पाँवड़े बिछाए बैठे थे। बहरहाल, काम के साथ हाथी की सवारी, शेर के शिकार और रजवाड़ों-ज़मींदारों के साथ डिनर आदि की भी व्यवस्था थी। दौरा सफल रहा और तत्कालीन गायिकाओं से अनेक मशहूर नाम—जानकीबाई छप्पनछुरी, इलाहाबाद की मुन्नीजान, पानीपत की मिस अमीरजान, बनारस की शिवकुँवरिबाई, दिल्ली की मिस दुअन्नीजान, जम्मू की अल्लारक्खीजान, आगरे की मलकाजान, पटने की मुहम्मद बाँदीजान, बुलन्दशहर की नज़ीरजान और बंगाली थिएटर से नगेन्द्रबाला दासी तथा नारीसुन्दरी दासी सरीखे नाम भी कम्पनी के रिकॉर्ड-रजिस्टर में चढ़ गए। यद्यपि रिकॉर्डिंग प्रक्रिया समय तथा कष्टसाध्य दोनों थी, लेकिन 300 रुपया फी रिकॉर्डिंग का मेहनताना पैसों की तंगी से निरन्तर भयभीत बाइयों की बिरादरी के लिए आकर्षक साबित हुआ।

देखते-देखते संगीत-रसिक भद्रलोक के बीच इकतरफ़ा रिकॉर्डिंग वाले रिकॉर्ड (दो रुपए बारह आने से तीन रुपए बारह आने तक में उपलब्ध) ख़ूब लोकप्रिय हो

चले। जब कोई उत्पाद बाज़ार में इस कदर हिट हो जाए तो अन्य प्रतिस्पर्धियों को जमा होते देर नहीं लगती। लिहाज़ा बेका, सन डिस्क तथा ओडियन सरीखे भारतीय लेबल वाले रिकॉर्ड, जिनमें दोनों तरफ़ गाना भरा रहता था और दाम था कुल दो रुपया, भी बाज़ार में उतर आए। तब तक स्वदेशी का नारा भी तेज़ी से लोकप्रिय हो चला था सो जनता भी इन स्वदेशी रिकॉर्डों की तरफ़ तेज़ी से खिंचने लगी। यह देखकर इंग्लैंड स्थित ग्रामोफ़ोन रिकॉर्ड्स कम्पनी भी भारत में ही कम्पनी की शाखा खोलने पर मजबूर हुई और उसने 'ज़ोनोफ़ोन' लेबल से सवा रुपया क़ीमत के और भी सस्ते रिकॉर्ड तैयार कर दिए। इस बार भी पहला रिकॉर्ड भरने का श्रेय एक महिला थिएटर-गायिका को मिला जिनका नाम था मनोदा सुन्दरी दासी। रिकॉर्डिंग के भारतीयकरण के बाद उन नए लेबलों के लिए गानेवाली कुछ अन्य मशहूर पेशेवर महिलाएँ थीं, पारसी थिएटर (बम्बई) की गौहरजान जो प्रसिद्ध रईस सेठ चन्दूलाल की रक्षिता थीं, पटियाले की इलाहीजान और सरदार बेगम, और आगरे की जानी-मानी गायिका ज़ोहराबाई आगरेवाली।

जैसे-जैसे संगीत रिकॉर्ड उद्योग बढ़ा जर्मनी की बेका कम्पनी का सितारा भी चमकने लगा। इसने गत्ते के रिकॉर्ड उतारे जो हल्के, भारतीय मौसम के लिए अधिक उपयुक्त तथा सस्ते थे। लेकिन विश्वयुद्ध छिड़ने के बाद जब जर्मनी के माल पर रोक लगा दी गई, कम्पनी ने अपने भारतीय एजेंट वल्लभदास रणछोड़दास की मदद से वी. एल. ओ. छाप डिस्क बनाई। इसके (कलकत्तेवाली गौहरजान की माँ) बड़ी मलकाजान, छपरेवाली मलकाजान, लखनऊ की वज़ीरजान, मराठी नाट्य-जगत् में स्त्री रोल में छाए हुए बालगन्धर्व तथा बंगाल की कई अन्य गायिकाओं के रिकॉर्ड इतने बिके कि 1908 तक कोलकाता के बेलियाघाट इलाक़े में इस उद्योग के लिए माल तैयार करनेवाली फ़ैक्टरी लग गई थी। बहरहाल 1920 तक सारी फ़ोनोग्राफ़ मशीनें आयातित होती थीं और उनको भद्रलोक अपने ड्राइंगरूम में बड़े उत्साह से सजाकर अपनी कलाप्रियता तथा रईसी का सिक्का जमाते थे। कुछ दिन बाद जब जापान और स्विट्ज़रलैंड से सस्ते आयातित पार्ट्स आने लगे तो बेलियाघाटवाले सस्ती मशीनें बाज़ार में ले आए और अब संगीत के रिकॉर्ड-उद्योग में बूम ईयर्स (उछाल की पाली) शुरू हो गई।

इस बीच स्वदेशी-जागरण रंग पकड़ चला था। 1910 के आस-पास वन्दे मातरम् सरीखे देशभक्ति के गाने, कांग्रेस के तिलक, सुरेन्द्रनाथ बनर्जी, गोखले, दादा भाई नौरोजी सरीखे बड़े नेताओं के राजनीतिक सन्देश और तहरीरें भी रिकॉर्ड की जाने लगी थीं। इसके बाद कलकत्ते के कुछ बहुत सम्भ्रान्त घराने के लोगों ने, जिनमें रवीन्द्रनाथ टैगोर तथा द्विजेन्द्रनाथ राय सरीखे नाम शामिल थे, कलकत्ते के बोस रिकॉर्ड्स लेबल को अपनी आवाज़ रिकॉर्ड करने की स्वीकृति दे दी। इस नई विधा का बाज़ार-महत्त्व भाँपकर ग्रामाफ़ोन एंड टाइपराइटर कम्पनी ने भी अपने

बारह-इंची देशभक्ति-गीतों के रिकॉर्ड उतारे जिनमें आर.एन. बोस तथा नारायणचन्द्र मुखर्जी ने वन्दे मातरम् गाया था। कहना न होगा कि इस तरह की सामग्री के वितरण पर जल्द ही ब्रिटिश सरकार ने रोक लगा दी।

इस ज़माने में यदि कोई बड़ा संगीत-सितारा मंच तथा रिकॉर्डिंग इंडस्ट्री में समान तरह से छाया हुआ था तो वह थीं कलकत्ते की मशहूर गायिका गौहरजान। 1896 से सार्वजनिक महफ़िलों में आई यह सुन्दरी सुपरस्टार गायिका (पिता आर्मीनियन तथा माता पेशेवर गायिका) शहर की मशहूर धनाढ्य गायिका थीं जिनके गायन, पोशाकें, गहने, अदाएँ और राजे-रजवाड़ों के बीच उनकी चुस्त फिकरेबाज़ी के चर्चे दूर-दूर तक होते थे। अपनी माँ की ही तरह गौहरजान पढ़ी-लिखी थीं और शायरी भी करती थीं। 1911 में जब प्रयाग संगीत समिति ने उनको गाने के लिए न्योता तो फ़ीस थी 1000 रुपए जो उन दिनों बहुत बड़ी रक़म थी। विलक्षण रूप से हिसाब-किताब की समझ रखनेवाली गौहर मिज़ाजी से व्यावहारिक और अपना भाव बख़ूबी जानतीं, वसूलतीं, और ठोस जायदाद ख़रीदने में माहिर थीं। कहते हैं कि वे एक गहना दोबारा नहीं पहिनतीं थीं और शाहाना ठसक से रहती थीं। आत्मप्रचार का महत्त्व वे समझती थीं। अपनी दो बिल्लियों की शादी पर ही उन्होंने बीस हज़ार रुपए ख़र्च डाले। इसमें शहर के बड़े रईस शामिल हुए और भोज तो पूरे शहर में चर्चित हुआ। इसलिए जब उन्होंने गाइसबर्ग के साथ कॉन्ट्रैक्ट पर दस्तख़त किए तो तगड़ी फ़ीस पर साफ़ हुज्जत के बाद ही। सिर्फ़ दिसम्बर, 1913 में ही उनके 28 गाने रिकॉर्ड किए गए। बाद को जब सर सुरेन्द्रनाथ मुखर्जी ने 152, हैरिसन रोड, कलकत्ता में एक पूर्णतः भारतीय स्वामित्ववाली रिकॉर्डिंग कम्पनी, मेसर्स मुखर्जी एंड मुखर्जी बनाई तो उसके 'रॉयल' लेबल के लिए पहला गाना गौहरजान ने ही गाया।

काशी की गायिकाओं पर स्वदेशी आन्दोलन ने इतना असर डाला कि उन्होंने तवायफ़-सभा नाम की संस्था बनाई जिसका उद्देश्य था गायकी-नृत्य के पारम्परिक पेशे में सुधार तथा इस बिरादरी की सदस्याओं के बीच धार्मिक सद्भाव और देशभक्ति को प्रोत्साहन। नामचीन वरिष्ठ गायिका हुस्नाबाई इस संस्था की अध्यक्षा बनीं और अपना अध्यक्षीय भाषण उन्होंने इन पंक्तियों से ख़त्म किया :

मन्दिर में है चाँद चमकता, मस्जिद में मुरली की तान।
मक्का हो चाहे वृन्दावन, होंगे मिल-जुलकर क़ुर्बान॥

इसी आदर्शवाद की तहत मंडली से जुड़ी उनकी सहेली विद्याधरीबाई की एक बन्दिश है :

भारत न रह सकेगा हरगिज़ ग़ुलामख़ाना,
आज़ाद होगा होगा आया है वो ज़माना।

अफ़सोस यह सब काल के गाल में समा गया और भारत की आज़ादी अथवा संगीत-परम्परा में उनके योगदान से वाक़िफ़ नामलेवा भी अब कोई-कोई ही बचे हैं।

इस दौरान नाट्य-संगीत भी मराठी थिएटर में छाने लगा था। किराना घराने की हीराबाई बड़ोदेकर ने इस विधा में उल्लेखनीय योगदान दिया। इसी समय बम्बई में भी रिकॉर्ड उद्योग को प्रोत्साहन टॉकीज़ (सवाक्) फ़िल्मों के आगमन से बहुत बढ़ावा मिला और कलकत्ता नहीं बम्बई भी इस उद्योग का महत्त्वपूर्ण केन्द्र बन चला। संगीत और नृत्य का तो चोली-दामन का साथ ठहरा। लिहाज़ा पहली फ़िल्मी संगीत की रिकॉर्डिंग मिस अंगूरबाला और मिस इन्दुबाला ने नृत्य-संगीत की मार्फ़त पेश कीं। संगतकार थे सारंगीनवाज़ ज़मीरुद्दीन ख़ाँ साहिब। महाराष्ट्र इस समय तक संगीत-शिक्षा और घरानेदार गायकी के बड़े नामों का ठिकाना बनने लगा था। केसरबाई केरकर, मोघूबाई कुर्डीकर, गंगूबाई हंगल और हीराबाई बड़ोदेकर के कई शास्त्रीय संगीत के 78 आर.पी.एम. रिकॉर्ड इसी समय तैयार हुए जिनको आज भी संगीत के रसिक बहुत चाव से सुनते हैं। लोकप्रियता के लिहाज़ से उपशास्त्रीय संगीत की भी बाज़ार में भारी माँग थी। इस विधा में फ़ैज़ाबाद की बेगम अख़्तर, रसूलनबाई, सिद्धेश्वरी देवी, मलकाजान जैसी गायिकाओं के गाए ठुमरी, दादरा, चैती तथा टप्पा सरीखे लोकसंगीत प्रकारों के रिकॉर्डों की ख़ासी बिक्री हुई।

1930 तक दो अन्य बड़ी कम्पनियाँ कोलम्बिया और ओडियन भी बाज़ार में अपने उत्पाद ले आईं। '30 से '40 के बीच फ़िल्मों के सवाक् बनने के साथ युवा मनों पर फ़िल्म संगीत का जादू छाने लगा। इसके लिए बंगाल और महाराष्ट्र ने नई लीक गढ़ीं। महाराष्ट्र के पुणे में केशवराव भोले और दादा चदेकर और मास्टर कृष्णराव का तैयार किया संगीत जहाँ शास्त्रीय संगीत से रस लेता था, वहीं बंगाल का न्यू थिएटर्स का फ़िल्म-संगीत बाउल तथा लोकगीतों की ख़ुशबू लिये सामने आया। सुन्दर तथा सुरीली काननबाला, शान्ता आप्टे सरीखी सिंगिंग स्टार इसी विधा से सामने आईं। कानन को दस साल की उम्र में ग़रीबी से जूझते हुए फ़िल्मों में उतरना पड़ा। '30 के दशक की इस सुपर सिंगिंग सेनसेशन को शुरू में एक रोल का भुगतान होता था 25 रुपए जिसमें से 20 रुपए दलाल रख लेता था। विद्यापति, मुक्ति, साथी और स्ट्रीट सिंगर सरीखी हिट फ़िल्मों से ख्याति के शिखर पर पहुँचने के बाद भद्र-समाज ने उनको एक गरिमामयी अभिनेत्री काननबाला माना। श्रीनती पिक्चर्स तथा कलकत्ता मूवीटोंस संस्थाएँ बनाकर उन्होंने फ़िल्म-निर्माण भी किया और शरद बाबू के कई उपन्यासों को फ़िल्मों में उतारा। 1977 में वे फाल्के पुरस्कार से नवाज़ी गईं। कानन की ही तरह अन्य नामचीन गायिका अभिनेत्री जिनको ग़रीबी मिटाने के लिए 16 साल की उम्र से फ़िल्मों में काम करने को उतारा गया, गुजराती बोहरा मूल की गौहर मामाजीवाला थीं। जल्द ही वे उस समय के मशहूर दिलफेंक

रईस चन्दूलाल सेठ की निगाहों में चढ़ गईं और उनकी फ़िल्म टाइपिस्ट गर्ल की सफलता के बाद उनकी ही हो रहीं। 1929 में इन दोनों ने रणजीत स्टूडियोज़ की स्थापना की और लगभग 20 साल तक फ़िल्में बनाईं। बहुभाषाभाषी गौहर फ़िल्मी अभिनय से संन्यास लेने बाद भी स्टूडियो का सारा काम-काज कुशलता से निभातीं रहीं। अन्ततः रेस में भारी घाटा उठाने के बाद सेठ चन्दूलाल दिवालिया हो गए और उनको इस काम को अनचाहे ही छोड़ना पड़ा। फिर भी ताउम्र चन्दूलाल सेठ और गौहर का प्रेम बना रहा जो बम्बई की मायानगरी में सच्चे प्रेम की एक अपनी ही तरह की मिसाल है। जैसे-जैसे हिन्दी फ़िल्मों की लोकप्रियता बढ़ी, नई प्रतिभाओं की खोज शुरू हो गई और देविकारानी, लीला चिटनिस, अमीरबाई कर्नाटकी, स्नेहप्रभा, नसीमबानो सरीखी सुन्दरियाँ भी रजतपट पर संगीतमय अभिनय के लिए उतरीं। इनमें से नूरजहाँ और ख़ुरशीद सरीखी कुछ प्रतिभाएँ तो देश के बँटवारे के साथ पाकिस्तान चली गईं पर सुरैया, शमशाद बेगम, सुबुलक्ष्मी और बेगम अख़्तर सरीखी प्रतिभाएँ इस विधा को समृद्ध करती रहीं।

प्लेबैक गायन के साथ अभिनय तथा संगीत की विधाएँ अलग होती चली गईं। कई नई अभिनेत्रियाँ, जैसे—नरगिस, माला सिन्हा या मीना कुमारी कुशल अभिनय तो कर सकती थीं पर उनकी आवाज़ बहुत अच्छी न थी। सुरैया ही एक अपवाद रहीं। अब एक नया ज़माना शुरू हुआ जिसमें गानों की अदायगी फ़िल्माई जाती थी पर अभिनय के साथ-साथ गाना भी रिकॉर्ड करने का तनाव नहीं रहा। इसी के साथ अब गायकी को भजन या महफ़िली अन्दाज़ की गायकी से भिन्न, कहानी से जोड़कर बनाया गया। अब गायन भी अलग स्टूडियो में माइक पर अनेक साज़ों के साथ रिकॉर्ड करना सम्भव था, अतः आवाज़ लगाने के तरीक़े और संगीत के शब्दों की अदायगी करने के लिए कई नई सम्भावनाएँ बन चलीं जिनको लता-आशा की जोड़ी ने बहुत ख़ूबसूरती के साथ इस्तेमाल किया। ये दोनों बहनें अपनी विलक्षण तीन-तीन सप्तकों में सहजता से घूम-फिर सकने में समर्थ आवाज़ों के बल पर चार दशक तक फ़िल्म-संगीत की सिरमौर बनी रहीं। इनके मीठेपन से एकदम अलग थी गीता दत्त की सेक्सी आवाज़, जो इस बांग्ला गायिका की विलक्षण प्रतिभा के बूते हिट हुई। गुरुदत्त की गायिका पत्नी गीता दत्त की आवाज़ का भरा-भरा सा उनींदापन और उसमें छुपी उदासी की परत गुरुदत्त की फ़िल्मों की भारी सफलता की बड़ी वजह बनी।

आज जीवन की बढ़ती रफ़्तार, रिकॉर्डिंग तकनीकी की अभूतपूर्व तरक़्क़ी और युवा रुचियों के ग्लोबलाइज़ेशन के साथ ही संकरित फ्यूज़न संगीत का ज़माना आ रहा है। इस युग में रागदारी या स्वरों की भारतीय मानकों पर शास्त्रीय शुद्धता के लिए आग्रह पाल बैठना शायद नादानी का ही प्रमाण माना जाए। गाने-बजानेवालों के पुराने समूह धीमे-धीमे लुप्त हो चले हैं या ग़ज़ल-गायकी अथवा सूफ़ी संगीत

की निहायत सन्दिग्ध विधा से जुड़कर येन–केन पेट पाल रहे हैं। बड़े–बड़े गायक भी मिलने पर, अब पहले की बात कहाँ अब तो बस इज़्ज़त से जितनी उम्र बची है कट जाए यही दुआ कीजिए...सरीखी उदासीभरी बातें कहते हैं। आकाशवाणी और कुछ मायनों में उसके छोटे भाई दूरदर्शन ने शास्त्रीय और उपशास्त्रीय संगीत के इन अलमबरदारों का यथासम्भव साथ दिया पर 'नज़ीर' के शब्दों में निजी प्रसारण के युग में इन प्रौढ़ सरकारी संस्थाओं की हालत यही हो चुकी है :

थक–सा गया हूँ नींद आ रही है, सोने दे।
बहुत दिया है तेरा साथ ज़िन्दगी मैंने॥

सुरश्री केसरबाई केरकर

केसरबाई केरकर

आज के अधिकतर संगीत-प्रेमियों को गुणीजनों की संगत में आमने-सामने बैठकर केसरबाई केरकर की दुर्लभ, ठहराव भरी और अतिविलम्बित लय में झूमती हुई चलनेवाली गायकी सुनने का सौभाग्य नहीं मिला है। भारी साधना से हासिल अपनी गायकी के कौशल को सिर्फ़ भद्र रसिकजनों के आगे पेश करने के आग्रह और (तब नई-नई उभरी) रिकॉर्डिंग पद्धति तथा ऑल इंडिया रेडियो से उसके प्रसारण को लेकर उनको सख़्त परहेज़ रहा। इसके चलते अब उनकी विलक्षण गायकी के गिने-चुने नमूने ही उपलब्ध हैं। इनमें मद्रास में 1930 के आस-पास क्रिसटलेट ग्रामाफ़ोन रिकॉर्डिंग कम्पनी लन्दन तथा हिज़ मास्टर्स वायस द्वारा जारी कुल 78 आर.पी.एम. रिकॉर्ड और प्रशंसकों द्वारा चोरी-छिपे की गई चन्द महफ़िलों की रिकॉर्डिंग्स हैं। इनमें कुछ (विभास, नन्द, ललित और खमाज जैसे) लोकप्रिय राग हैं, और कुछ (नट कामोद, गौरी, काफ़ी कान्हड़ा, सुघराई सरीखे) अब लगभग अछोब बन चुके राग भी। उस वक़्त की रिकॉर्डिंग तकनीकी की सीमाओं के कारण अधिकतर प्रस्तुतियाँ छोटी-छोटी बन्दिशों की तीनेक मिनट की अदायगी ही हैं, लेकिन तरह-तरह के जटिल पेचदार तरीक़ों से उकेरी गई जयपुर अतरौली घराने की वह सच्ची, अनुशासित और जड़ाऊ गायकी एक लाजवाब रियाज़ से साधे गए शुद्ध स्वरप्रयोग और शानदार झूम-झूमकर बढ़ती लयकारी के चक्र के तहत श्रोताओं को आज भी बाँधने में समर्थ है।

केसरबाई का जन्म तब पुर्तगाली शासन के आधीन उत्तरी गोवा में 13 जुलाई, 1892 को एक देवदासी परिवार में हुआ। संगीत की उनकी औपचारिक शिक्षा 8 साल की उम्र से ही शुरू हो गई। नाना गुरुओं के चरणों में बैठकर श्रमसाध्य तालीम पाने का यह सिलसिला लम्बे अर्से तक चला। उस ज़माने में महिला गायकी देवदासियों और डेरेदार गायिकाओं तक ही सीमित थी। तथाकथित भले मध्यवर्गीय घरों की महिलाओं को बहुत बाद में, गुरुद्वय भातखंडे-पलुस्कर का युग आने पर ही, पक्का गाना सीखने की सीमित सी छूट मिल सकी। मंचीय गायकी (सांगीतिक नाटकों तक में) उसके बाद भी अर्से तक पेशेवर बाइयों तक ही सीमित रही आई। पेशेवर गायिकाओं की भी नियत श्रेणियाँ थीं जिनमें डेरेदार तवायफ़ें और देवदासियाँ शीर्ष पर थीं। केसरबाई को इसका ग़ुरूर था और बात-बेबात वे उसे 'कान में छिंगुलिया डालकर गानेवाली' कमज़ात गायिकाओं की सरे-महफ़िल खिल्ली उड़ाकर जताती रहीं। फिर भी उन जैसी पेशेवर तवायफ़ों में इस बात की गहरी खीझ रही कि उनको औपचारिक तौर से शागिर्द बनाकर शास्त्रीय संगीत की विधिवत् तालीम देने से नामी उस्ताद अक्सर परहेज़ करते थे। घरानों की बेहतरीन चीज़ें तब 'अपनों', यानी बेटे, दामादों या पट्ट-शिष्यों को ही दी जाती रहीं। यह वह वक़्त था जब उस्तादी गाने का अर्थ था दरबारी गाना। और कितना ही बड़ा उस्ताद क्यों न हो, उस्ताद द्वारा महिलाओं को हिन्दुस्तानी गाना सिखाने का मोटा मतलब होता था

बाईजी लोगों में उठना-बैठना और महीन अर्थ था, वेश्याओं के प्रति महज़ शारीरिक आकर्षण या मोटा रुपया कमाने के लिए की जानेवाली उनकी शर्मनाक मुलाज़मत। लिहाज़ा सुर की चोट से घायल जिगरा थामे बेहद ज़हीन और नामी-गिरामी गायिकाओं को भी उस्तादों से शिष्यत्व पाने के लिए अक्सर भारी थैली के आकर्षण या त्रिया-चरित्र का चाहते न चाहते भी सहारा लेना पड़ता था। शायद यही वजह थी कि केसरबाई सरीखी सुख्यात गायिकाओं के दिल में हमेशा राजदरबारों या रसिक-समाज से इतनी सराहना और भरपूर धन मिलने के बाद भी उस्ताद से मिली उपेक्षा, अपने मालिक से विवाहिता जैसा दर्जा न मिलने और औपचारिक शिक्षा के अभाव की कचोट सालती रही। पेशेवर गायिकाओं और फ़िल्म अभिनेत्रियों के व्यक्तित्व पर समाज के इस दुमुँहेपन पर गहरी खरोंचें पड़ती रही हैं। उस समय की तक़रीबन सभी बड़ी गायिकाओं से जुड़ी दन्तकथाओं में हमको उनका व्यक्तित्व बीच-बीच में अपने कला प्रदर्शन को लेकर एक अजीब से तनाव और महफ़िलों में मानापमान और उपयुक्त मेहनताने के सवालों को लेकर लगभग चिड़चिड़ेपन की हद तक संवेदनशील नज़र आता है। केसरबाई भी अपवाद नहीं थीं।

बहुत मानापमान झेलकर, बड़ी मेहनत से हासिल किए हुनर की अनुशासित सम्पूर्णता को प्रस्तुतियों में बरकरार रखने को वे हमेशा आतुर और आक्रामक रहीं। और अपने गुरु अल्लादिया ख़ाँ साहिब और अपनी इकलौती बेटी से भी उनका नाता हमेशा खट्टा-मीठा ही रहा। ऐसा नहीं था कि केसरबाई अपनी साफ़गोई और हठ के परिणामों से वाक़िफ़ न हों। कई जानकारों ने इस बात की पुष्टि की है कि उन दिनों महफ़िली बैठकों में किसी बड़े गायक या गायिका का ख़राब फ़ॉर्म तुरत नोट किया जाता था और रसिक ही नहीं, गाने-बजानेवालों की बिरादरी भी ताने देने से बाज़ नहीं आती थी। सुरों को अपना ग़ुलाम बतानेवाली और अनेक बेसुरे गायकों की सरेआम खिल्ली उड़ा चुकी इस विलक्षण गायिका ने जभी 85 साल की उम्र में अपनी अन्तिम साँस लेने से 11 साल पहले स्वर में उम्र का तनिक-सा स्पर्श पाते ही अपने हज़ारों प्रशंसकों का आग्रह ठुकराकर मंच पर गाना छोड़ दिया।

केसरबाई की तालीम तमाम दिक़्क़तें तथा अपमानों से गुज़रने के बावजूद उनके समय के श्रेष्ठतम गायकों के हाथों हुई। सबसे पहले 8 साल की उम्र में लगभग आठ माह कोल्हापुर में उन्होंने किराना घराने के सुप्रसिद्ध उस्ताद अब्दुल करीम ख़ाँ से गायन सीखा, फिर गोवा वापिस आकर रामकृष्ण बुवा वझे के पास सातेक बरस संगीत-शिक्षा ग्रहण की। 16 वर्ष की उम्र में यह आकर्षक घरानेदार गायिका मुम्बई गई और तब उनकी निखरती प्रतिभा को जयपुर अतरौली घराने के कंठहार अल्लादिया ख़ाँ साहिब सरीखे जौहरी से बाक़ायदा गंडाबन्द शागिर्दी मिली, जिनकी गायकी की ख्याति तब भारत से नेपाल तक फैली हुई थी। वे अनोखी रीति के गायक थे, एकदम नई स्वरताल की रीति और स्वरों की पच्चीकारी से उनकी गायन-शैली में एक तरह

की यथातथ्यता आ गई थी। पं. गजानन बुवा जोशी बखान करते थे कि अल्लादिया ख़ाँ साहिब की गायकी का सम, 'इस ओर आया ही था, तो सोचा आप से मिलूँ', ढंग का नहीं था, बल्कि—'आपके यहाँ ही आना था, लीजिए मैं आ गया', इस ढंग का होता था। गुरु की गायकी का यह गुण हमको केसरबाई की अदायगी में भी दिखता है, एक चैन, एक तरह की आत्मविश्वासी उमंग के साथ चक्र आवर्तन पूरा कर सम पर आमद। बाई के साथ ताउम्र हारमोनियम पर संगत करनेवाले मजीद ख़ाँ साहिब के शब्दों में कहें तो जब भी वे तान लेकर लौटती हैं, मुखड़ा सजा-धजा दुलहन बना साथ में चला आता है।

अल्लादिया साहिब जितने अच्छे गायक थे उतने ही क़ाबिल और अनुशासनपरक संगीत-शिक्षक भी। हर किसी को वे अपना शागिर्द नहीं बनाते थे। यह एक अल्पज्ञात सचाई है कि इस शिष्या की क़ुदरती प्रतिभा को परखकर उन्होंने उनकी गायकी को जब पहली बार-बारीक़ी से तराशना शुरू किया तो जाने किस बात पर खटक गई और क्रम टूट गया जो कुछेक सालों बाद बाई के मित्र सेठ विट्ठलदास के बहुत अनुरोध के बाद ही जुड़ पाया। पर जैसी कहावत है कि मित्रता का तागा एक बार चटका तो जुड़ने पर भी गाँठ-सी पड़ ही जाती है। बहरहाल कहानी पर लौटें। अल्लादिया ख़ाँ साहिब से विलग होने के बाद भास्कर बुवा बखले तथा मशहूर सितारिए बरकतुल्ला ख़ाँ से भी केसरबाई को नाट्य-संगीत, भजन और ख़याल की गायकी सीखने का मौक़ा मिला। देखने में वे आकर्षक थीं, और कंठ में विधाता ने रस भरकर भेजा था। महफ़िलों में उनकी ख्याति होने लगी और जल्द ही वे मुम्बई के एक मशहूर रईस, सेठ विट्ठलदास की नज़र में चढ़कर उनकी रक्षिता बन गईं जैसा डेरेदार गायिकाओं में तब चलन था। उसके बाद वे मुम्बई के अपने शिवाजी पार्क के फ़्लैट 'पराग' में आन बसीं जहाँ वे अन्तिम समय तक रहीं। अब उन्होंने एक बार फिर अपने रूठे गुरु अल्लादिया ख़ाँ साहिब से (जिनकी शान के ख़िलाफ़ वे इधर-उधर कुछ कह चुकी थीं, और जो इस बीच उनके नकचढ़ेपन और ख़ुदगर्ज़ मीरासी सुभाव की कई जगह खुली निन्दा कर चुके थे) अपना तमाम मान भुलाकर फिर संगीत सीखने की इच्छा व्यक्त की। शुरू में उस्ताद तैयार न हुए पर उनको उस समय आर्थिक तंगी थी, कुछ सेठ विट्ठलदास के प्रति आदरभाव भी था, लिहाज़ा बात बन गई। पाँच हज़ार रुपए की गुरु-दक्षिणा और दो सौ रुपया प्रतिमाह की फ़ीस पर बात तय हुई। शागिर्दी का यह सिलसिला कई साल चला, सेठ जी की असमय मृत्यु तक। सुनते हैं कि उस्ताद ने सेठ जी के कहने से काफ़ी जमा-पूँजी बिज़नेस में लगाई थी, जो शुरू में फलवती हुई। पर सेठ जी की मौत के बाद जब बिज़नेस चौपट होकर रह गया तो बड़े जतन से जोड़ी अल्लादिया ख़ाँ साहिब की वह पूँजी भी डूब गई। ख़ुद उनके बेटों में से होनहार भुर्जी ख़ाँ का भी निधन हो गया और वे बीमार पड़ गए। न जाने किन वजहों से केसरबाई ने भी इस नाज़ुक क्षण में बेरुख़ी से दोबारा गुरु

से अपना मुँह फिरा लिया। और काफ़ी बुरे दिनों के बीच संगीत का यह दिव्य नक्षत्र लगभग मुफ़लिसी के बीच बुझ गया। इसकी विशद जानकारी नमिता देवीदयाल ने (केसरबाई की इकलौती शिष्या धोंडूताई कुलकर्णी के हवाले से) अपनी बेहद पठनीय किताब 'दि म्यूज़िक रूम' में दी है।

प्रो. देवधर की निकाली एक पत्रिका (संगीत कला विहार) में छपे लम्बे साक्षात्कार का हवाला देते हुए कुमार मुखर्जी ने अपनी पुस्तक (कुदरत रंग-बिरंगी) में उल्लेख किया है कि किस तरह बाक़ायदा पाँच हज़ार एक रुपए की गुरु-दक्षिणा के साथ ख़ान साहिब ने सेठ जी के अनेक बार अनुरोध के बाद ही लगभग अनिच्छा से केसरबाई को संगीत की शिक्षा देना स्वीकार किया। और फिर बाक़ायदा एक टाइम-टेबल बनाकर केसरबाई से वादा कराया कि गुरु से कोई हीला-हवाला किए बिना वे जैसा कहें, करेंगी। इसके बाद तालीम का सिलसिला शुरू हुआ। सुबह चार बजे उठकर नहा-धोकर सुर भरना। फिर दिन भर शिक्षण और लगातार ज़बर्दस्त मेहनत, बिना शिकायत रियाज़। अल्लादिया ख़ाँ साहिब ने उनको पहले दस माह तो सिर्फ़ दो ही राग : तोड़ी और मुलतानी सिखाए। इस दौरान केसरबाई को जटिल तानों तथा पलटों को पाँच-पाँच सौ बार साधना होता था। धीमे-धीमे आदत पड़ गई।

सुबह नौ से एक बजे तक और फिर सन्ध्याकाल में रात के खाने तक चले अनवरत रियाज़ और उत्तम व्यवस्थित तालीम का ही प्रताप था कि विलम्बित तीन ताल में बिना साँस लिये वे एक पूरे आवर्तन की तान लेकर मज़े से सम पर आ विराज सकती थीं। बावजूद इसके धोंडूताई के अनुसार केसरबाई को ख़ाँ साहिब ने कुछ ख़ास 'चीज़ें' सिखाने से परहेज़ किया और इसका वे रस ले-लेकर ज़िक्र करते रहे। जब वे लगभग शय्यागत हो चुके थे तो उनकी एक शिष्या से बिहागड़ा की एक 'चीज़' सुनकर केसरबाई धड़धड़ाती पुनः गुरु के दरवाज़े पर चली गईं और ज़िद पकड़ ली कि बिना यह राग सीखे वे नहीं मानेंगी। गुरु की कमज़ोरी के मद्देनज़र अन्ततः उन्होंने वहीं पास में एक मकान किराए पर ले लिया और भरहाथ पैसा ख़र्च कर यह नायाब चीज़ सीखकर ही हटीं। अचरज नहीं कि इतनी मेहनत से सीखी कला को रेडियो या टेप पर उतारने से उनको सख़्त परहेज़ रहा। लिहाज़ा बम्बई के कुछ सौभाग्यशाली लोगों के बिना (जो कार्पेट तले यंत्र छुपाकर उनका गाना रिकॉर्ड कर गए) शायद ही उनकी दमदार गायकी परवर्ती पीढ़ियों को सुनने को मिलती।

जब हम अपने रागदारी संगीत और गायकों की चर्चा करते हैं तो बातचीत अक्सर पिछले सौ सालों के दौरान बनी संगीत की शिक्षा-पद्धति द्वारा गढ़े गए सांगीतिक क़ायदों और अभिव्यक्ति के तरीक़ों की पटरियों पर ही चलती है। ख़याल-गायकी के सन्दर्भ में इसके तहत यह मानकर चला जाता है कि हर गायक आलाप बोल तान द्वारा ख़याल की बन्दिश का विस्तार करते हुए राग विशेष की आकृति को सिद्ध करने का प्रयास करता है। इस तरह यह पूर्वनिर्धारित हो जाता है

कि गायन शैली की दृष्टि से हर घराने की गायकी एक ख़ास चौखट में एक विशिष्ट आकृतिबन्ध के अनुसार रची जाएगी। केसरबाई सरीखे कलाकारों को सुनना इस धारणा के पार जाना है। हालाँकि निजी वजहों से उन्होंने अपनी बहुत थोड़ी-सी ही गायकी को रिकॉर्ड करने की अनुमति दी, फिर भी उनको सुनते हुए साफ़ अहसास होता है कि अपनी तमाम श्रुतियों को लिये-दिये हमारे संगीत के सुर बहती नदी की धारा सरीखे हैं। उनको शास्त्रीय पोथी में लिखित :

चतुष्चतुष्चतुष्चैव षड्ज मध्यम पंचमः।
द्वै द्वै निषाद गान्धारोस्त्रिस्त्रिश्च रिषभधैवतः॥

के पारम्परिक विधान से जकड़कर सिस्टेमैटाइज़ नहीं किया जा सकता कि इतनी दूर तक भैरव का अति कोमल रिषभ है, इतनी दूर तक काफ़ी का कोमल गान्धार। हमारे गायन की जान लगातार कम्पन और आन्दोलन से पैदा होनेवाली मीड़ में, सूत, घसीट में बसती है। यही वजह है कि कई बार (जैसे कि भीमपलासी में) अवरोहण के कोमल ग और नि अपने आरोही अवतार की तुलना में आपको चढ़े हुए प्रतीत होते हैं। यह स्वर हारमोनियम या पियानो जैसे वाद्यों के सुरों जैसे स्थिर नहीं होते और बेहतरीन से बेहतरीन पेटीवादक के लिए बाईस श्रुति के हारमोनियम से भी भूप का सच्चा गान्धार या हमीर का धैवत निकाल पाना टेढ़ी खीर होता है। जब केसरबाई अल्लादिया साहिब की गायकी गाती हैं, तो लगता है कि झूमती घुमावभरी लय लहरियों पर सवार सुर एक-दूसरे को लाँघकर नहीं, साथ सटे-सटाए धार में बहते हुए चले जा रहे हैं। केसरबाई को माइक से भी चिढ़ थी क्योंकि कई बार सुर भरने के क्षणों में वह तीखी चिंघाड़ से कलाकार की सुर-चेतना को गहरा झटका दे देता था और उनके तथा उनके सुननेवालों के बीच दीवार बना खड़ा रहता था। उनकी बुलन्द आवाज़ बिना माइक के भी अन्तिम पंक्ति के श्रोता तक पहुँच जाती थी और केसरबाई की सीमित-सी रिकॉर्डिंग के आधार पर भी कहा जा सकता है कि स्थायी और अन्तरे को उचित तरह से अदा करने का कौशल रखनेवाला एक रससिद्ध गायक चाहे तो दो-दो घंटे तक नाना बहलावों, लयकारियों और बिजली की फिरत वाली तानों, पल्टों की झड़ी लगाए बिना महज़ तीन मिनट में भी महफ़िल फ़तह कर सकता है।

केसरबाई का गायन जिन्होंने ख़ुद सामने बैठकर सुना है उनके अनुसार कुछ-कुछ भारीपन लिये हुए अपनी आवाज़ में उनका स्वरों को उठाने का तरीक़ा, राग के हर मुहावरे की बारीक़ियों की शुद्ध पकड़ और त्रुटिहीन अदायगी हर उम्र के श्रोताओं के लिए एक अविस्मरणीय अनुभव थी। उनकी तानों की अदायगी में उनके गुरु अल्लादिया ख़ाँ साहिब से बहुत क़ायदे से पाई तालीम का प्रताप था कि वे अति विलम्बित लय में गातीं तो तब भी स्वरों से बड़ी सहजता से खेलती रहतीं और राग एक स्थापत्यकार सरीखे कौशल से स्वर-दर-स्वर खड़ा होता जाता। उनकी तानें

उस विलम्बित लय में भी आधे से तीन-चौथाई आवर्तन तक पहले से बुने पैटर्न के अनुसार होतीं, और जब वे सम पर बन्दिश के मुखड़े को बड़ी ममत्वपूर्ण सहजता से ले आतीं तो महफ़िल झूम उठती! एक जटिल गायकी को स्वच्छन्द सुन्दर बनाए रखना आसान नहीं, ख़ासकर तब जबकि उसका हर अंग हर तरह से ठोस और जड़ाऊ बनाया जाना हो। कुमार मुखर्जी सरीखे संगीतमर्मियों की राय है कि केसरबाई के गाने में उनको कल्पनाशील निजी उपज की उड़ान नहीं मिलती जो ख़ाँ साहिब के बेटों मंजी ख़ाँ तथा भुर्जी ख़ाँ और भुर्जी के शिष्य निवृत्ति बुवा सरनाइक तथा मल्लिकार्जुन मंसूर की गायकी में दिखती है। उनकी गायकी सुरीली और पेचदार अवश्य है पर उसकी ख़ूबसूरती का ढाँचा उनके गुरु द्वारा पूर्वनिर्धारित और जतन से गढ़ा गया होता है, उसमें गायिका का अपना राग-विस्तार कम है। कुल मिलाकर आगरावालों की राय में केसरबाई की ख़ासियत अल्लादिया ख़ाँ सरीखे विलक्षण गुरु की तालीम की ख़ूबसूरत अदायगी भर है। उनके सांगीतिक मुहावरे, बहलावे के अंग और सुरों की विविध श्रुतियों में उन्होंने कोई चामत्कारिक नयापन नहीं जोड़ा। भारतीय संगीत के घरानों की भीतरी लाग-डाट को देखते हुए हमारी विनम्र राय में इन उक्तियों को हाशिए पर कुछ जगह अलंकारित स्फीति के लिए छोड़कर ही देखना बेहतर होगा।

केसरबाई को जिन्होंने एक लम्बे समय तक देखा-सुना है (जिनमें मेरी गुरु दीपाली नाग, नैना देवी, उनके निकट मित्र कुमार मुखर्जी तथा शीला धर शामिल थे), इस बात के साक्षी हैं कि वे रूपवती और दबंग किन्तु गरिमामयी महिला थीं। श्वेतवस्त्रावृता और हीरों से दमकती हुई वे जब मंच पर बैठतीं तो मन सहज ही उनके प्रति सम्मान से भर जाता। उस युग में डेरेदार बाइयों के प्रति इस तरह का सम्मान सहज नहीं था, निश्चय ही वह केसरबाई की कला और व्यक्तित्व की गरिमा का प्रमाण था। उनकी जो तस्वीरें उपलब्ध हैं, उनमें भी उनकी बड़ी-बड़ी आँखों में एक निडरता और बुद्धि की सहज दीप्ति साफ़ दिखाई देती है। सादा किन्तु आभिजात्यपूर्ण वेश—सफेद सिल्क की साड़ी, सर पर पल्ला, नाक-कान में हीरे, गले में मोती की लड़ और माथे पर बड़ा-सा कुमकुम का टीका। उनके अहंकारी और उग्र स्वभाव के कई क़िस्से सुनने में आते हैं। उनमें कितना बढ़ा-चढ़ाकर कहा जाता है, यह जानने का कोई उपाय नहीं, पर यह साफ़ है कि वे हठीली प्रवृत्ति की तेजस्वी महिला थीं, रूपगर्विता भी और अपने संगीत की मिल्कियत को लेकर अतिरिक्त तौर से सजग भी। अल्लादिया साहिब की अन्य प्रतिभाशालिनी शिष्या मोघूबाई (किशोरी अमोनकर की माँ) और शिष्य मल्लिकार्जुन मंसूर के लिए कहा जाता है कि केसरबाई उनकी प्रतिभा ही नहीं, उनके गोरे रंग से भी जलती थीं और नहीं चाहती थीं कि ख़ाँ साहिब उनको तालीम दें। स्व. गंगूबाई ने भी अपने एक साक्षात्कार में इस बात की तसदीक की है कि वे उनको निम्न जाति (धीवर) होने

के ताने देती थीं और महफ़िल में उनको तथा रसूलनबाई सरीखी ढाढ़ी मानी जानेवाली उत्तम गायिका को भी लगातार नीचा दिखाने (कभी अनायास पैर आगे कर गिराना, कभी उनकी जाति या गायकी का मखौल) में रस लेती थीं। सुनने में यह भी आता है कि गंगूबाई ने जब रेडियो में गाना शुरू किया तो केसरबाई कुढ़ गईं और उन्होंने आकाशवाणी के प्रमुख को पत्र लिखकर अपने रिकॉर्ड आकाशवाणी से प्रसारित करने से मना कर दिया।

केसरबाई स्व. शीला धर के रईस पिता शिवराज बहादुर के घर हर साल दिल्ली आने पर ठहरती थीं। शीला जी बताती थीं कि उनके सामने एक बार रातंजनकर जी से खाने की टेबल पर केसरबाई ने दावा किया था कि लोग-बाग रागों के ग़ुलाम होते हों पर राग तो उनके ग़ुलाम थे। विनयशीलता निश्चय ही उनके स्वभाव में कम थी।

अपने गुरु अल्लादिया ख़ाँ साहिब के प्रति सेठ जी की मृत्यु के बाद उनका व्यवहार भी (निवृत्ति बुवा सरनाइक तथा मल्लिकार्जुन मंसूर सरीखे शिष्यों के अनुसार) काफ़ी रूखा और क्षुब्धकारी बताया जाता है। जिसका अल्लादिया ख़ाँ साहिब ने अपनी तरह से बदला लिया, उनसे कुछ ज़रूरी मालूमात गोपनीय रखकर। अगर कुमार मुखर्जी की मानें तो केसरबाई का कुकुभ बिलावल दरअसल सावनी या सुखिया बिलावल है जो उनकी चालबाज़ियों से नाराज़ चल रहे उनके उस्ताद ने उनको जान-बूझकर ग़लत सिखाया था। मीरासी गायिकाओं को हमारे राज-समाज से उस युग में शिक्षा लेते और अपनी कला पेश करते हुए जो कड़वे-खट्टे अनुभव होते हैं, उसके कारण उनका तुर्श मिज़ाज समझना आसान नहीं होता। नमिता देवीदयाल की पुस्तक एक रोचक ब्योरा देती है। केसरबाई की मृत्यु के बहुत बाद, उनकी 1930 में बनी एक रिकॉर्डिंग अमरीकी स्पेस वैज्ञानिक रॉबर्ट ई. ब्राउन को अचानक किसी पुरानी दुकान में हाथ लगी। उन दिनों वे दुनिया के कालजयी संगीतकारों की कुछ कृतियों की सम्मिलित रिकॉर्डिंग अन्तरिक्षयान वोयेजर-1 तथा 2 की मार्फ़त अन्तरिक्ष में भेजने को उद्यत, शोधरत थे। दुनिया रहे न रहे, कम-अज़-कम अन्तरिक्ष में तो कुछ अनमोल संगीत धरोहर बची रहे, यह वे चाहते थे। केसरबाई की गाई राग भैरवी की ठुमरी, जात कहाँ हो, उनको बहुत भाई और वह एक गोल्डन रिकॉर्ड की मार्फ़त अन्तरिक्ष को भेज दी गई। यह कृति आज भी पुकार कर रही है : जात कहाँ हो?

'दुनिया के थपेड़े खा, बहुत मानापमान सहकर सब छूट जाता है, पर कलाकार के भीतर का सन्तान-मोह नहीं छूटता', मेरी स्वर्गीया माता शिवानी जी कहती थीं। फिर वे हँसकर जोड़तीं, 'जभी भगवान ने बहू-दामादों को सिरजा है।' राजदरबारों और रईसों के घरों से भरपूर वाहवाही और प्रचुर इनाम और कभी-कभार प्रताड़ना पाकर (राजा पटियाला ने उनको जबरन 6 माह रोके रखा और सरेआम हाथ पकड़कर यों खींचा था कि उनके गले का मुक्ताहार टूटकर जा बिखरा) बीसवीं सदी

की यह द्रौपदी भी सदा एकाकी साधिका ही रही। अपनी इकलौती बेटी को वे पेशेवर गायकी से दूर डॉक्टरी पढ़ाना चाहती थीं। पर उसने उनकी इच्छा के विपरीत प्रेम विवाह कर लिया तो एक ही घर में रहते हुए भी वे उससे आमरण कटी-कटाई ही रहीं। इस मायने में आर्थिक रूप से पूरी तरह स्वतंत्र और हुनरमन्द इस गायिका का हश्र भी शान्ता आप्टे, मीना कुमारी या गौहरजान से भिन्न नहीं दिखता। इन सब स्त्रियों के सार्वजनिक जीवन की शोहरत और वैभव भी उनको मन का वह चैन, वैसा सांसारिक प्रेम-प्रतिदान नहीं दिला सके जो उनका भटकन भरा मन खोजता रहा।

जिस देवदासी ने जीवन में वादाख़िलाफ़ी और स्वार्थपरकता के तमाम रंग देखे हों, ख्याति और गुमनामी की तमाम गहराइयाँ मापी हों, उसकी भैरवी आज भी इन तमाम उपेक्षिता महिला कलाकारों की ओर से अन्तरिक्ष से पूछती है—जात कहाँ हो?

क़िस्सा अन्तिम यह भी—1960 में बिरला मातोश्री सभागार में केसरबाई गा रही थीं। गायन समाप्त हुआ तो मंत्रमुग्ध श्रोताओं से एक महामहिम मुख्यमंत्री यशवन्तराव चव्हाण केसरबाई के आगे हाथ जोड़े जा खड़े हुए, 'बाई, माँगिए जो माँगना हो!'

'सच!' बूढ़ी आँखों में चुहल तैरी।

'सच! जो आप कहें, मैं दूँगा।'

'चलिए, एक दिन को अपना राजकीय दफ़्तर मेरे हवाले कर दीजिए। कर सकेंगे?' केसर ने पूछा।

राजनेता निरुत्तर हो रहे।

'आगे कभी ऐसा वादा किसी से न करें साहिब,' केसर ने कहा, 'जो निभाया न जा सकता हो।' फिर वे ठठाकर हँस दीं। उस हँसी की वेदना कौन माप सकता है?

सौ-सौ रंगोंवाली सारंगी

पंडित रामनारायण

राजस्थान का लोकप्रिय लोकवाद्य सारंगी हमारे सबसे पुराने वाद्यों में से एक है, और राजस्थानी लोकसंगीत के साथ बजाए जानेवाले वाद्य रावणहत्था के रूप में तो इसका सम्बन्ध संगीत-प्रेमी लंकाधीश रावण से भी जोड़ा जाता है। सुर की निरन्तरता और नाद के सूक्ष्मतम रूपों को अभिव्यक्त करने में इस वाद्य को मानव स्वर के सबसे निकट माना जाता है। शायद इसीलिए सूफ़ी सन्त कवि जायसी ने भी विरही मन की अनकही व्यथा को इसी वाद्य के रूपक से उकेरा है—

हाड़ भए सब किंकरी नसें भईं सब ताँत,
रोम-रोम से धुन उठे कहों कथा केहि भाँत!

यह चिन्ता का विषय है कि इतना सुरीला और प्रभावशाली संगीत-माध्यम हमारी शास्त्रीय वादन-परम्परा में सितार या सरोद की तुलना में काफ़ी कुछ उपेक्षित रहा आया। गुमनामी के अन्धकार में खोते जा रहे इस वाद्य का पुनरुद्धार कर उसे मंच पर एकल वादन के द्वारा भरपूर सराहना और इज़्ज़त दिलवाने का श्रेय पं. रामनारायण को जाता है। शहनाई और बिस्मिल्लाह ख़ाँ की ही तरह भारतीय वाद्य-संगीत के क्षेत्र में सारंगी और पं. रामनारायण आज एक-दूसरे का पर्याय हैं।

कहा जाता है कि सारंगी नाम मूलत: सौरंगी शब्द से उपजा है, जिसका अर्थ है सौ रंगतोंवाला वाद्य। हमारे समय में पं. रामनारायण जैसे विलक्षण कलाकार के हाथों का स्पर्श पाकर इसका सौरंगी नाम पूरी तरह सार्थक हुआ है।

हमारी संस्कृति का एक बीजाक्षर है 'रस'। और दूसरा है आनन्द। पं. रामनारायण का सारंगी-वादन सुनकर समझ आता है कि क्यों हमारे ऋषियों ने वैदिक सूक्तों में वाग्देवी से आत्मा को रस तक ले जाने और मर्मस्पर्शी आनन्द पाने के लिए बार-बार प्रार्थना की है।

25 दिसम्बर, 1938 को जन्मे पं. रामनारायण के माता-पिता दोनों ही संगीत में गहरी रुचि रखते थे। आपके परदादा आमेर रियासत में गायक बताए जाते हैं और पिता नाथूजी दिलरुबा के वादक थे। कहते हैं पूत के पाँव पालने में ही दिख जाते हैं। सिर्फ़ छह साल की उम्र में बालक रामनारायण ने खेल-खेल में घर में पड़ी सारंगी से सुर निकालने की कोशिश की तो उनके पिता को अन्त:प्रेरणा हो गई कि यह बच्चा इसी वाद्य का कुशल वादक बनेगा। सो गाँव-परिवार के लोगों की टोकाटाकी के बावजूद स्कूली पढ़ाई के बजाय बालक रामनारायण के जीवन से पिता ने शास्त्रीय संगीत की शिक्षा का सिलसिला जोड़ दिया। उनको शुरुआती तालीम जयपुर के महबूब ख़ाँ ने दी। फिर 10 वर्ष की उम्र में आपने जयपुर के ही उदयलाल जी से कुछ वर्ष तक ध्रुपद की शिक्षा ली। उनके निधन के बाद मैहर के विलक्षण घुमन्तू कलाकार माधवप्रसाद जी ने इनको गंडाबन्द शागिर्द बनाया।

1944 में परिवार का भरण-पोषण करने के तमाम दबावों के बीच लाहौर के नामी गायक उस्ताद अब्दुल वहीद से बेतरह प्रभावित 16 वर्षीय रामनारायण जी सीधे गाड़ी पकड़ लाहौर जा पहुँचे। उस्ताद से तो मुलाक़ात नहीं हुई किन्तु ऑल इंडिया रेडियो, लाहौर के गुणग्राही स्टेशन डायरेक्टर मट्टू साहिब ने इसी बीच उनका मोल पहचानकर उनको बतौर स्टाफ़ आर्टिस्ट वहीं नौकरी दे दी। आजीविका और जीवन में स्थिरता आई। इस दौरान पंडित जी ने उस समय के लगभग सभी बड़े गायकों ओंकारनाथ ठाकुर, अमीर ख़ाँ साहिब, हीराबाई बड़ोदेकर तथा कृष्णराव शंकर पंडित आदि के साथ संगत भी की। लेकिन इस उद्भट प्रतिभा को तो अपने पूरे पंख खोलने के लिए एकल सोलो वादन का विशाल फलक चाहिए था। सिर्फ़ छायानुचर बनकर गायकों की संगत करना और उनकी अनुपस्थिति में कई बार मंच पर अन्तराल को भरने के बाद जब भी श्रोता चाहें, गायकों के लिए मंच ख़ाली करने के अनुभव जब-तब उनको एक तिक्तता और अपूर्णता का अहसास देते रहे।

ऐसे में उनको अपने बड़े भाई जाने-माने तबला वादक पं. चतुरलाल की उपस्थिति ने भारी सम्बल दिया।

1947 के विभाजन के बाद भाई के साथ रामनारायण जी लाहौर से आकाशवाणी दिल्ली आए, फिर 1949 में मुम्बई फ़िल्म-जगत् में जा पहुँचे। रोशन और ओ.पी. नैयर सरीखे विख्यात संगीत-निर्देशकों ने उनकी भरपूर सराहना की और 'अदालत' तथा 'गंगा-जमुना' सरीखी फ़िल्मों में संगीत देने तथा और मुग़ल-ए-आज़म जैसी भव्य फ़िल्मों में अपनी कला के प्रदर्शन के साथ अच्छी कमाई का मौक़ा भी मिला, लेकिन रामनारायण जी का मन फिर भी सारंगी पर एकल प्रस्तुति देने को व्याकुल रहा। अमीर ख़ाँ या बड़े ग़ुलाम अली ख़ाँ ने भी अपना संगीत का सफ़र सारंगी वादक के रूप में ही किया था पर इस वाद्य को संगत लायक़ ही माना जाते देख वे गायन की ओर मुड़ गए थे। लेकिन रामनारायण जी गायक बनकर नाम कमाने की बजाय सारंगी को ही अपनी कला का माध्यम बनाए रखने और उसे संगीत-गोष्ठियों में शीर्ष स्थान दिलवाने का सपना किसी तरह नहीं छोड़ना चाहते थे। सरस्वती की कृपा हुई और यह सुअवसर उनको तब मिला जब अपने भाई के साथ विदेश में आयोजित बड़े कन्सर्ट में अपनी कला की एकल प्रस्तुति से उन्होंने रसिकजनों को मोह लिया। फिर तो लगातार एकल प्रस्तुतियाँ होने लगीं और सदियों पुराना यह वाद्य उनकी प्रतिभा का स्पर्श पाकर मीड़, गमक, सूत और घसीट सरीखे भारतीय कंठ-संगीत के तमाम बारीक़ और कठिन श्रुति आधारित भेदों से लैस पंडित जी के वादन में यह वाद्य कंठ-संगीत की ही तरह भरपूर स्वरों में गाने लगा।

कई लोगों की राय यह है कि रागदारी संगीत की ऐसी विधा है जो हर बार नए सिरे से पैदा होती है और हर अदायगी के बाद बिला जाती है। साथ ही वे यह भी मानते हैं कि बन्दिश चूँकि शब्दों से युक्त होती है, और शब्द निश्चित अर्थों से जुड़े

होते हैं, श्रोताओं के बीच जिस तरह की भाव निर्मिति बन्दिश के शब्दों से सम्भव है, वाद्य संगीत की अमूर्त स्वरावलियाँ नहीं कर सकतीं। पर रामनारायण जी के वादन ने दिखाया कि यह धारणा भ्रामक है। हमारे यहाँ 'ध्वन्यालोक' सरीखे ग्रन्थों में सुनाई देनेवाले शब्दों को ध्वनि कहा गया है। इस अर्थ में संस्कृत के शब्द, अक्षर अंग्रेज़ी के समानार्थक माने जानेवाले वर्ड से भिन्न हैं। उसमें ध्वनि और अर्थ दोनों हैं। 'ध्वन्यालोक' ग्रन्थ ने कहा है कि नाद को सुनने की प्रक्रिया क्रमिक होती है। इसमें शब्दों के मोटे अर्थ के परे उसकी ध्वनि का सीधा संवाद अन्तर्मन से भी लगातार होता है और इस तरह संगीत या कविता में अमूर्त स्वर भी सुमनस: (सहृदय) सुननेवालों तक कला का रस पूरी तरह पहुँचा पाते हैं। कलाकार के अपने हृदय में बसा रस शब्दों को रचनात्मकता के क्षणों में यह दुर्लभ क्षमता देता है। इसीलिए उनका दूसरा नाम है अक्षर, जिसका क्षरण नहीं होता।

यहाँ स्वराधारित संगीत की व्याख्या में आचार्य अभिनवगुप्त के दिए 'अनुरणन' शब्द का बड़ा महत्त्व है। अनुरणन यानी तंत्र या तार या पर्दे पर आघात के बाद भी कुछ देर उसके पीछे सतत चलनेवाले स्वरों का नियत क्रम। यह समझने के लिए कुशल साधक कैसे रस की अवतारणा आघात से कम और अनुरणन से अधिक करते हैं, रामनारायण जी के वादन को सुनना पर्याप्त है। वह अमूर्त भी है और सूक्ष्म भी और ऐसा वादन अगाध चंचल मन को बाँधकर स्थिर स्वरकेन्द्रित कर दे, यही साधना का प्रमाण है। रामनारायण जी की सारंगी स्थूल अर्थ को भुलवाकर श्रोता को सीधे नाद के आगे जा खड़ा करती है। वाद्य बिना वाचक बने भाव व्यंजना कर देता है।

कहने को तो हमारे यहाँ रस के 9 प्रकार गिनाए गए हैं पर विद्वानों की राय में कला में यह सब तीन रसों में समा जाते हैं—वीर, शृंगार और करुण। सारंगी के स्वरों में हम इन अमूर्त रसों को बड़ी स्पष्टता से सुन पाते हैं। गायकों में पं. ओंकारनाथ ठाकुर इस बात के लिए सुख्यात थे कि वे राग या रागिनी को पेश करते हुए श्रोताओं को कई बार आलाप और काकु के प्रयोग से एक विशेष भावभूमि पर ले आते थे। रामनारायण जी के वादन में भी रसों के उद्रेक को लेकर यह विरल क्षमता है।

सभी चिन्तनशील बड़े संगीतकारों की तरह रामनारायण जी ने प्रयोगधर्मिता अपनाई ज़रूर, लेकिन शास्त्रीयता की मर्यादाओं को त्यागे बिना। नए के नाम पर नए नाम वाले रागों का निर्माण उनको अनावश्यक लगता है, उनकी राय में जो राग-ताल आज मौजूद हैं, वे परिपूर्ण हैं। उनमें ही अनन्त सम्भावनाएँ छुपी हैं। हम आजीवन अपने संगीत के द्वारा उनकी खोज कर सकते हैं। सारंगी को और अधिक सुरीला और स्वरों को अधिक स्पष्ट बनाने को उन्होंने पारम्परिक ताँत की बजाय हार्प के लिए बने स्टील के तारों का उपयोग भी किया है गो वे अब पारम्परिक ताँत से निकले स्वरों को ही अधिक माकूल पाते हैं। झाला का प्रयोग वे प्राय: इस वाद्य

के मिज़ाज के अनुकूल नहीं पाते, लेकिन पेचदार कंठ-संगीत के प्रकार, जैसे ठुमरी या लोकसंगीत के जटिल रूपों की बहुत ही श्रुति मधुर अदायगी उन्होंने सारंगी से जोड़ी है।

सभी महान संगीतकारों की तरह इस सांगीतिक धरोहर और सारंगी की प्रतिष्ठा को बनाए रखने में उनकी गहरी रुचि है। यह सुखद है कि उनकी पुत्री सुश्री अरुणा नारायण कल्ले पिता की सारंगी-वादन परम्परा को बढ़ा रही हैं और उनके सुपुत्र हर्ष नारायण भी उनकी ही सांगीतिक परम्परा को सरोद पर स्वर दे रहे हैं।

किसके लिए और क्या गाती रहती है आम स्त्री?

रेशमा

हमारी पीढ़ी के ज़्यादातर लोग अपने घरों में महिलाओं को मन्द स्वर में लोरियाँ गाते सुनकर सोते और भोर में प्रार्थनाएँ, चरखा चलाने या चक्की पीसने के गीत गाते सुनकर ही जागते थे। फिर भी अधिकतर ने बहुत साधारण और दबी-दबाई ज़िन्दगी जीनेवाली इन घरेलू औरतों की स्वरचित पंक्तियों में से बेबाकी से उभरती भावनाओं की लहरों पर शायद ही कभी ग़ौर किया हो। मेरे कई काश्मीरी और डोगरी बन्धुओं ने बताया कि उनके घरों की महिलाएँ घर या खेत में काम करते समय वहाँ की सन्त कवयित्रियाँ ललद्यद (जो लाल देवी और लल्लेश्वरी के नाम से भी जानी जाती हैं), अरणिमाल और हब्बा ख़ातून के वाख् (वचन) गाती रहतीं हैं। मीरा या महादेवी अक्का की ही तरह इन तीनों जनकवियों का वैवाहिक जीवन कष्टमय रहा। पति का घर त्यागकर वे फ़क़ीरनी बन अपने गीत रचतीं और उनको गातीं पर्वत-पर्वत, वादी-दर-वादी फिरती थीं। न बही न खाता, न कोई रिकॉर्डिंग, फिर भी उन विलक्षण गीतों को महिलाओं ने पकड़ा और घर-घर में गाना शुरू कर दिया। क्योंकि कहीं-न-कहीं उनमें सब औरतों के जिए जीवन की विडम्बनात्मक तस्वीर क़ैद है। पीढ़ी-दर-पीढ़ी इन औरतों की बुद्धि और अनुभव काश्मीर और जम्मू—इन वाखों में गाए जाते रहे और आज भी गाए जाते हैं :

सीधी राह आई, सीधी राह न पलट पाई
बीच पुल पर दिन ढल गया
कौड़ी नहीं जेब में मल्लाह को देने के लिए
कैसे तरूँ यह चौड़ा-सा पाट ? (ललद्यद)

× × ×

बोल कौन-सा अभाव प्रिय,
तूने यहाँ जाना ?...
अरमान न पूरे हो पाए
दुखियारी 'हब्बा ख़ातून' के
आ, इन अनार के फूलों का आनन्द ले ले...

× × ×

खिली मैं ज्यों चमेली श्रावण की
श्रीहत हुई अब पीली कली जैसी...
चला गया झाँसा देकर हरजाई
लोकनिन्दा सुनने मुझे छोड़ गया...

(अरणिमाल, *सभी अनु.* डॉ. शिबनकृष्ण रैणा द्वारा, उनकी पुस्तक काश्मीरी कवयित्रियाँ और उनका रचना-संसार से)

1989 के लगभग कामकाजी सामान्य महिलाओं पर शोध के सिलसिले में घाटी जाना हुआ। रोपाई का समय था, टखने-टखने कीचड़ में खड़ी औरतें कमर झुकाए कुछ गाती हुई धान की पनीरी रोप रही थीं। उनके मर्द ट्रांज़िस्टर पर मज़े से गाने सुनते खेत के बीच पड़ी लकड़ी की बेंचों पर पनीरी की टोकरियों सहित बैठे उनको सिर्फ़ टोकरियाँ पकड़ा रहे थे। जब पूछा कि श्रम का यह असन्तुलित वितरण कैसा, तो जवाब मिला, लेडीज़ को यही अच्छा लगता है। देखिए न, गाती-गाती काम कर रही है। एक महिला से पूछने पर उसने कहा कि वे ललद्यद के वाख् गा रही थीं। नोट किया वाख् :

गाटुला अक वुछुम बाछि सत्य मरान
पन ज़न हरान पुहन्य वाव लाह
नश बाद अख वुछुम वाज़स मारान,
तन लल बो प्रारान छ्यन्यम ना प्राह॥
(पढ़े-लिखे को भूखों मरते देखा
पतझर में जीर्ण-शीर्ण ज्यों इक पत्ता
मूढ़ से रसोइए को पिटते देखा
तभी से मन मेरा बाहर भटक चला)

और लोग कहते हैं कि औरत के मन की थाह पाना बड़ा कठिन है। क्या कभी ग़ौर से सुना इन लोकगीतों को जिनको रचकर वह अनन्तकाल से शून्य में अपनी व्यथा, प्रेम और वैराग्य स्वरों पर सवाल कर भेजती आई है? इसे कहते हैं, सुनकर भी न समझ पाना।

इसी काम के दौरान कुछ साथी महिलाओं के साथ पश्चिम बंगाल के आदिवासी अंचल में सरला देवी सरदार से मिलना हुआ। बंगाल में आदिवासी महिलाएँ तमाम विकट परिस्थितियों के बीच भी लगातार हर हाल में गाती रहती हैं। यह पूछने पर कि दिनभर तरह-तरह के काम करने की एवज में उनको कितना मिल पाता है? उसने हमारे लिए गाँव की अन्य महिलाओं के साथ एक स्वरचित गाना गा दिया जिसकी पंक्तियाँ थीं :

काज नाईं काज कोरे मोरी
आमार जीबौन जेते हॉ माँ छागोल बागाली...

(काम नहीं पर काम करती-करती हम मरी जा रही हैं। हाय माँ, मेरा जीवन बकरी चराते ही बीता जाता है...)

हमने तय किया कि महिला श्रमशक्ति पर अपनी राष्ट्रीय रपट का शीर्षक हम यही देंगी : 'काज नाईं काज कोरे मोरी'..., पर अन्त में बाबूशाही ने यह नाम ऊटपटाँग कहकर ख़ारिज कर दिया।...

ग़रीब इलाक़ों से जवान पुरुषों का रोज़ी-रोटी कमाने को पलायन पीछे छूटी औरतों के लिए कितना यातनादायक है, इसकी मार पूर्वी अंचल (बिदेसिया), हिमाचल (भौंरा गीत), उत्तराखंड (झोडे) से लेकर काँगड़ा घाटी तक के लोकगीतों से मुखर होती है। स्थापित मान्यता के विपरीत इन महिला-रचित गीतों में धन-सम्पत्ति और परम्पराओं को लेकर स्त्री की निर्लिप्त वीतरागिता चकरा देती है। काँगड़ा का एक गीत है :

राणी जहर दिंदी धोबन मरेओ जांदी
राजे जीन्दे जुगाँ...
दूरे-दूरे तो दिखी लैणे महल मिए
ए नी बसणे जोगे।

(रानी जहर दे लांछित होती है, धोबिन मर जाती है, राजा जुग-जुग जीता है, यह महल दूर से देखने की ही चीज़ है, रहने योग्य नहीं।...)

शुभ काज के समय गाए जानेवाले अनेक गीतों में भी लिंगगत भेदभाव और जातिवाद की महिला रचयिताओं ने खुली अवज्ञा जताई है। उत्तराखंड में यज्ञोपवीत के समय बच्चे के मुंडन पर गाए जानेवाले गीत में माँ नाई से कहती है :

नाई रे नाई तू मेरा धर्म का भाई है
अपने भांजे के बाल आराम से काट
मैं तुझे शाल दुशाला पगड़ी जो कहे सो दूँगी...

यह किसी से छुपा नहीं कि दुनिया के अधिकतर धर्म पितृसत्ताक क्रम को मानकर चलते हैं। यह क्रम पुरुष को देवताओं के बाद सबसे शक्तिशाली (पौरुषमय, पुरुषार्थकर्मी) मानता है। महिला इसके तहत उसकी अनुचरी ही है। इस भेदभाव को औरतों ने अपने गानों में पकड़कर धार्मिक अनुष्ठानों तथा पुरुष-प्रधान देव-बिरादरी की भी ख़बर ली है। उत्तराखंड में शुभ कार्य से पहले पारम्परिक अग्नि का मंगल गाकर आवाहन करने की परम्परा है। पर गीत ध्यान से सुनिए तो पाएँगे कि आह्वानकर्ता महिलाएँ धरती को अपना मातृलोक कहती हैं और अग्नि के लोक को अग्नि का वह मातृलोक (मातृभूमि), जहाँ धियों-माताओं पर अत्याचार होता है, उन पर थूका, उनको लतियाया जाता है, क्योंकि उस लोक के लेखपाल बाबू अग्नि के बेटे पुरुष हैं, फिर भी अग्नि तेरे बिना ब्रह्मा भी भूखे रह जाते हैं, सो पधारो :

ओ अगनी...
तेरा मातलोक यो बुरो अत्याचार...
तेरा मातलोक माया धीया ऊजो पैंछो
तेरा मातलोक बेटा बाबूलोक को लेखो-जोखो...
तै मातलोक...मी कैं लत्याला थूक थुकाला तै मातलोक...

ऐजा अगनी ऐजा मेरा मातलोक।
त्वै बिना ब्रह्मा भूखे रैगे...

अठारहवीं सदी में पूर्वांचल की प्रसिद्ध लोकगीत विधा कजरी को, लोकश्रुति के अनुसार, सुन्दर नामक गायिका ने जन्म दिया। यह वह समय था जब अंग्रेज़ बहादुर भारत में अपना औपनिवेशिक अंगद का पैर रोप चुके थे। एक के बाद एक देसी रियासतों का विलय होने लगा था और पुराने आश्रयदाता दरबार बिखरने से गायक-वादकों, लोकगायकों, युद्ध क्षेत्र से हरम तक में गा-बजाकर राजे-रजवाड़ों का मनोरंजन करनेवाली मीरासिनों, डोमिनियों, नट-बाज़ीगरों की टोलियाँ रातोंरात उजड़कर यत्र-तत्र फिर रही थीं। उन्नीसवीं सदी के शुरू में बनारस के शहर कोतवाल जुल्फ़िकार अली द्वारा कलक्टर डीन साहब को दी फेहरिस्त के अनुसार, 1803 तक बनारस में रंडी, भड़ुए तथा नाचनेवालियों के 280 मकान थे, किन्तु अंग्रेज़ सम्प्रभुओं की नज़र में नेटिव कला या गायकी की कोई वक़त नहीं थी, लिहाज़ा इसी दौरान कमज़ोर वर्गों की कई गायिकाएँ पेशेवर वेश्यावृत्ति में उतर गईं। कंचनियाँ, चूनेवालियाँ, कस्बिनें इसी कोटि में आती थीं। छावनियों के पास के गाँव इन गाने-बजानेवाली रूपजीवाओं के परिवारों के नए अड्डे बन गए। वहाँ की जो सुन्दर, समर्थ गायिकाएँ बड़े फ़ौजियों की निगाहों में चढ़ गईं, वे तंगदस्ती से येन-केन उबर गईं। सुन्दर इनमें से ही एक थी। काशी के एक भंगड़भिक्षु के तलवारबाज़ चेले योद्धा दाताराम नागर ने उनको अपने आश्रय में लेकर भरपूर मदद की। पर जब काशिराज चेतसिंह गिरफ़्तार हुए तो उनके स्वामिभक्त अनुचर दाताराम की जान पर भी बन आई। अंग्रेज़ों ने उनको कालापानी भेज दिया। तब सुन्दर ने बड़ी मार्मिक कजरी अपने आश्रयदाता के नाम रची :

अरे रामा नागर नइयाँ जाला काले पनिया रे हरी।...
घरवा में रोएँ नागर माई औ बहिनियाँ रामा,
...नारघाट में रोएँ कसबिनिया रे हरी...
रामा मत बाँधा छुरी औ' कटरिया रे हरी॥

इन्हीं रसिक योद्धाओं में गायकी के प्रसिद्ध मेले बुढ़वा मंगल के सिरजनहारे मुस्लिम फ़ौजी रुस्तम अली का नाम भी लोकगीतों में उनकी प्रेमिकाओं ने अमर कर दिया है :

कहाँ गयो मेरो होरी को खेलैया
सिपाही रुस्तम अली बाँको सिपहिया...

इस सन्दर्भ में लखनऊ की प्रसिद्ध दो विधाओं—सोज़ख़्वानी तथा मर्सियागोई—का ज़िक्र भी मुनासिब होगा। लखनऊ के नवाब जो कि शिया थे, हज़रत इमाम हुसैन की याद में मोहर्रम बड़े ज़ोर-शोर से मनाते थे। इस अवसर पर कर्बला में वीरगति

पाए वीरों के नाम पर सांगीतिक मातम करना शुरू हुआ जिस पर ईरान का असर तो था ही, भारत के लोकजीवन की भी गहरी छाप रही। जानकार बताते हैं कि असली मर्सियाख़्वानी सोज़ख़्वानी ही थी। यह मर्सिये (शोकगीत) महफ़िलों में तहतुल लफ़्ज़ख़्वानी (बिना गाए पुरसोज़ कविता की तरह पढ़ना) करो के रूप में पेश किए जाते थे। मद्रास तथा दक्कन में भी यह रिवाज़ फैला हुआ था। फ़ैज़ाबाद के इतिहास में दर्ज है कि किस तरह नवाब शुजाउद्दौला की बीबी बहू-बेगम अपने महल में इसकी महफ़िलें लगवाती थीं जिनका प्रबन्ध उनकी ड्योढ़ी के मुख़्तार जवाहर अली ख़ाँ ख़्वाजासरा के पास था। एक ग़रीब विधवा सय्यदानी के दो बेटों मीर अली हसन तथा बन्दा हसन को इस गायकी की बाक़ायदा तालीम दी गई जिन्होंने बड़ा नाम कमाया। हरम की महिलाएँ इस दिल-टुक करनेवाली विधा पर बड़ी न्योछावर होती थीं। यहाँ तक कि शहर के सुन्नी घरों की महिलाएँ भी इस संगीत से द्रवित होती थीं। जब कमाल की गलाबाज़ डोमिनियाँ गातीं :

जब कारवान-ए-शहर मदीना लुटा हुआ
पहुँचा क़रीब शाम के क़ैदी बना हुआ
नेज़े पे सर हुसैन का आगे धरा हुआ
औ पीछे-पीछे बीसियों का सर खुला हुआ...

तो हर वर्ग की महिला को अपना छूटा मायका याद आ जाता और हिचकियाँ लग जातीं। गौहरजान, बेगम अख़्तर और मुश्तरीबाई जैसी बड़ी गायिकाओं ने बीसवीं सदी में इस विधा को उच्च कला से ला जोड़ा। संगीत की अनेक धुनों से वे राग-रागिनियाँ चुनी जाने लगीं जो शोक की अभिव्यक्ति के लिए मुनासिब हों। आज भी मुहर्रम के पखवारे में लखनऊ की चन्द महफ़िलों में इस विधा के दर्शन हो ही जाते हैं, पर अब यह लोक-जड़ों और महिलाओं से विच्छिन्न एक नुमायशी चीज़ अधिक है।

लोकगीत-गायन की सबसे बड़ी बात इसका सर्वधर्म समभाव है। होरी-धमार हो या कि भजन-अभंग गायकी, इनकी दुनिया आज भी सम्प्रदायों के बीच की दीवारें ढहाकर मानव-आत्मा से साक्षात्कार कराती है। पर अफ़सोस की बात यह है कि जैसे ही हमारे यहाँ किसी भी लोक-विधा का परिष्कार होता है, उच्च वर्ग उसे उड़ा ले जाता है और फिर वह जनसामान्य, ख़ासकर औरतों की पहुँच से दूर चली जाती है। मिरासिनें समाज के निम्न वर्गों से आती थीं। वे हरफ़नमौला क़िस्म की हुआ करती थीं जिनकी पहुँच असूर्यंपश्या हरमख़ाने तक होती थी और जो गाने की प्रचुर सामग्री लेकर फिरती थीं। यही नहीं, वे ढोल, बीन, मजीरे से लेकर खड़ताल या सारंगी तक कई वाद्य भी बजा लेती थीं। पर समाज में उनकी ऊपर की तरफ़ तरक़्क़ी किसी बड़े आदमी की नज़रों में चढ़कर ही सम्भव थी, जो बहुत भरोसेदार रास्ता नहीं साबित हुआ है।

लोकसंगीत की कशिश की जीती-जागती मिसाल थी पाकिस्तानी गायिका रेशमा, जो एक अनपढ़ बंजारन थी। वह बताती थी कि जिस साल हिन्दुस्तान का बँटवारा हुआ उस साल वह जनमी। सौभाग्य से यह प्रतिभाशालिनी गायिका अपने क़बीले के साथ कराची जाकर अचानक रेडियोवालों की नज़र में आ गई। पहली रिकॉर्डिंग के उसे मिले अढ़ाई सौ रुपए! जब उसके 'दमादम मस्त कलन्दर' और 'हाय रब्बा जियो नइयों लगदा मेरा' जैसे गाने रेडियो पर बजने शुरू हुए और सीमा के आर-पार के लोग इस बिन्दास निखालिस सोने जैसी प्रतिभा पर दीवाने हुए, तब उसके क़बीले को ख़बर लगी। फटकार पड़ी, पर यह कहकर आगे गाने की सहमति मिल गई कि 'बदनाम तो तू हो ही गई, कर अब जो करना है तुझे।' इसी स्तर की बिहार और यू.पी. की अद्‌भुत लोकगायिकाएँ हैं—विन्ध्यवासिनी देवी तथा मालिनी अवस्थी, जो संगीत के शास्त्रीय पक्ष की भी बेहतरीन जानकार हैं। लोकगीतों से इन तमाम गायिकाओं की मार्फ़त साक्षात्कार गायिकाओं के साथ उनकी उस पूरी स्थानीय जमात की विलक्षण जिजीविषा से भी रू-ब-रू होना है जिसने अपने मार्मिक अनुभवों को शास्त्र न जानते हुए भी अवचेतन रूप से अपनी भावनाभिव्यक्ति के लिए एकदम सही स्वर-समूह चुनकर संगीत में अपनी कालातीत व्यथा को ऐसी कुशलता से पिरो दिया है कि कान में टेर पड़ने पर कहे बिन रहा नहीं जाता—रसो वै सः।

पारसी थिएटर में गायिका अभिनेत्रियाँ

मिस गौहर

नवाब वाजिद अली शाह के लिए नृत्य-संगीत से भरी पारम्परिक 'रहस' को नागर रूप में ढालकर 'अमानत' ने जब उन्नीसवीं सदी में सांगीतिक नाटक 'इन्दरसभा' (1853) रचा, तो वे बिनकहे दो बातों की तसदीक कर रहे थे। पहली यह कि भारत में बिना नृत्य-संगीत के नाटक लोकप्रिय नहीं बनाया जा सकता। 1870 के दशक के शुरुआती दौर में भी न सही किसी आदर्श भाषा-प्रकार ने, पर हिन्दुस्तानी संगीत-पद्धति की राग-रागिनियों और उत्तर भारत के लोक संगीत-प्रकारों ने तो अच्छी गहरी पकड़ बना ली थी। इसके बाद मूलतः गुजराती बोलनेवाले पारसी मालिकान के बीच नाटकों के लिए लोकप्रिय भाषा पर भी विचार शुरू हुआ। जल्द ही दूसरी सचाई भी सामने आ गई कि भारत के हर क़िस्म के संगीत की बुनियाद हिन्दू-मुस्लिम सभ्यता के मेल से रची संगीत-पद्धति के साथ उनके आम लोगों की उस सरल भाषा में है, जो न तो हिन्दी है, न उर्दू। बक़ौल पारसी नाटकों के यशस्वी नारायण प्रसाद 'बेताब' के, देश की इस पहली व्यावसायिक नाट्य-परम्परा को सही मायने में लोकप्रिय बनाने के लिए यह मौज़ूँ रहे कि :

न ठेठ हिन्दी न ख़ालिस उर्दू
ज़ुबान गोया मिली-जुली हो
अलग रहे न दूध से मिसरी
डली-डली दूध में घुली हो।

उन्नीसवीं सदी के उत्तरार्द्ध तक इन दो सचाइयों का मर्म पकड़ने के बाद व्यावसायिक पारसी रंगमंच उत्तर भारत में अगले कई दशकों तक काफ़ी फला-फूला। पारसी रंगमंच पर खेले गए नाटक 'सोना ना मूलनी खुरशेद' के दिवाचे (हैंडबिल) के शीर्षक ने साफ़ किया कि यह नाटक : 'ज़ुबान-ए-हिन्दुस्तानी व खते (लिपि) गुजराती' में है। दिवाचा स्पष्ट करता है कि, 'कई साहबों ने ख़्वाहिश की कि कोई खेल हिन्दुस्तानी ज़बाँ में खेला जाए...इस नाटक में कई जगहों पे उर्दू ज़ुबान के मशहूर क़िस्सों...से फ़िक़रों नुक़्तों...तमाम ग़ज़लों व गाना भी उस्तादों की किताबों से इन्तेख़ाब (शामिल) किया गया है...'।

पारसी थिएटर के पहले लोक-नाटकों में संगीत का मतलब लोक-संगीत से होता आया था। यों तो वह हमेशा से शास्त्रीय संगीत का मूल रहा है, लेकिन चूँकि पारसी थिएटर शुरुआती दौर में अभिजात शहरी प्रेक्षकों के लिए रचा जा रहा था, उनकी (अपेक्षाकृत परिष्कृत) भाषायी और रागदारी संगीत से बनी रुचि का ख़याल रखते हुए पारसी थिएटर-कम्पनियों ने सुगम संगीत के उपर ताल में गाए जानेवाले रागदारी संगीत और ध्रुपद को प्रमुखता दी। जब ध्रुपद, ख़याल और ठुमरी ये तीन विधाएँ नाट्यकर्म का महत्त्वपूर्ण अंग बनीं तो महिला तथा पुरुष दोनों के रोल करने के लिए जानकार प्रशिक्षित गायकों की तलाश शुरू हुई। गायकों की इसलिए कि

उस समय तक भले घर की औरतें स्टेज पर नहीं आती थीं, और विक्टोरियाई सामाजिकता के दबाव से पारसी कम्पनी-मालिक पेशेवर गायन करनेवाली तवायफ़ों को कम्पनी में भर्ती कर कलाकारों की 'नैतिकता' को गिराने का जोखिम मोल नहीं लेनां चाहते थे। लिहाज़ा शुरू में टीपदार गायकी के साथ पुरुष ही महिला पात्र बनते रहे। पर जब धड़ाधड़ कम्पनियाँ मार्केट में प्रतिस्पर्धा को उतर आईं तो समाज-सुधार नहीं, पर अधिक दर्शक खींचने की लालसा ने महिलाओं की भर्ती करने का नया आकर्षण पैदा कर दिया।

1875 में पहले-पहल ओरिजिनल विक्टोरिया नाटक मंडली नामक कम्पनी के दादा भाई पटेल एम.ए. ने मुम्बई में इन्दरसभा नाटक में हैदराबाद की चार गायिकाएँ पेश कीं, जो भारी हिट रहीं। इनमें से एक लतीफ़ा बेगम तो इतना सुन्दर नाचती थीं कि उनके मोज़े भी फट जाते थे। उनको कोई रसिक सुजन दर्शक उड़ा ले गया। उनके अलावा दो बहनें—अमीरजान और मोतीजान—कुशल गायिकाएँ थीं। अमीरजान सूफ़ी गानों के लिए बड़ी मशहूर हुईं पर उनको भी कोई अमीर व्यापारी भगा ले गया। इसके बाद मोतीजान भी 'थेटर' छोड़ गईं। कुछ समय बाद दादा भाई की अचानक मौत हो गई। कुछ समय तक कलाकारों ने कम्पनी चालू रखी। पर दुर्भाग्य से एक गाना आड़े आ गया :

मरियम प्यारी रे जाके बकरा काट ला जल्दी से...

इस गाने के बोलों से शहर के मीट व्यवसायी बड़े नाराज़ हुए और उनके लोगों ने कलाकारों को पीट-पाटकर कम्पनी ही बन्द करवा दी।

1877 में एक अन्य युवा अमीर पारसी कावस जी खटाऊ ने दोबारा से 'एम्प्रेस विक्टोरिया थिएट्रिकल' कम्पनी बनाई जिसमें वे ख़ुद भी गायक-अभिनेता थे। उन्होंने 'खोदादाद' नाटक में मिस मेरी फैन्टन नामक एंग्लो-इंडियन लड़की को उतारा जिसका पिता आयरिश था और जादू के खेल दिखाता था। यह नारीवादी प्रयोग भी उस समय बहुत दिन नहीं चल पाया क्योंकि मेरी फैन्टन कुछ समय बाद खटाऊ सेठ की ब्याहता बन गईं और मेहरबाई नाम रखकर पारसी गृहिणी बन रहने लगीं। उनके बाद काफ़ी समय उपरान्त जहाँगीर कावसजी खम्बाटा ने काम को आगे बढ़ाया और मिस गौहर तथा मिस ज़ोहरा जैसी गायिकाओं को कम्पनी के नाटकों में उतारा। उनकी कम्पनी का रामायण नाटक जिसमें जानी-मानी गायिका गौहर सीता का रोल करती थीं और जिसकी धुनें (संगीतकार नौशाद के पिता) उस्ताद झंडे ख़ाँ ने बनाई थीं, बहुत हिट रहा। 1915 से 1935 के बीच यह सांगीतिक नाटक उत्तर भारत के कई शहरों में खेला गया।

उनकी सफलता देखकर 1926 में मैडन कोरिंथियन कम्पनी में एक और एंग्लो-इंडियन, पेशेंस कूपर को लिया गया। बाद को उनकी शादी एक चाय बागान

मालिक से हो गई और बँटवारे के बाद वे चिटगाँव चली गईं। आहिस्ता-आहिस्ता पारसी थिएटर में महिलाओं के घुसने पर लगी रोक उठने लगी और अन्तत: 1932 से नाटकों को हिट बनाने की क्षमतावाली कई पेशेवर गायिकाएँ और नाचनेवालियाँ नियमित रूप से इन नाटक-कम्पनियों में ली जाने लगीं। जब यह हुआ तो इनका पहला टकराव मराठी रंगमंच के उन पुरुषों से हुआ जो महिलाओं का अभिनय कर काफ़ी नाम व पैसा कमा चुके थे। जयशंकर सुन्दरी, बालगन्धर्व तथा मास्टर मदन सरीखे स्थापित महिला कलाकारों की लोकप्रियता इतनी थी कि उनसे महिलोचित सिंगार-पटार और उठने-बैठने का सही सलीक़ा सीखने कई भले घरों की महिलाएँ भी थिएटर में आती थीं। शास्त्रीय संगीत की प्रसिद्ध गायिका हीराबाई बड़ोदेकर (उस्ताद अब्दुल करीम ख़ाँ की पुत्री) की निजी नाटक कम्पनी में उनकी बहन कमलाबाई गोखले उतरीं और मराठी स्टेज की पहली कलाकार बनीं। कमलाबाई गोखले ने 'सिने विज़न' पत्रिका में छपे साक्षात्कार में कहा है कि शुरू-शुरू में उनको निरुत्साहित कर भगाने की बड़ी कुटिल चेष्टाएँ उन कलाकारों ने कीं, जिनकी रोज़ी-रोटी को असली महिला गायिकाओं से ख़तरा पैदा हो रहा था। पुरुषों द्वारा आज़माए कई कालातीत आज़मूदा नुस्ख़ों को : रंग-पार्श्व में महिला की एंट्री को रोकना, उनके मेकअप रूम का दरवाज़ा छेंककर खड़े रहना आदि आज़माए गए, पर कमाकर आर्थिक रूप से स्वाश्रयी बनने पर आमादा ये महिलाएँ भी डटी रहीं। वे जो डेरेदार तवायफ़ें नहीं कसबिनें या कम नामचीन संगीत-घरानों के पिछवाड़े से निकलकर आई थीं, उनके लिए तो रंगमंच ही वह इकलौता ठौर बचता था जहाँ उतरकर अपने गायन और अभिनय से वे चार पैसे और शोहरत कमा सकती थीं। भले ही अंग्रेज़ी तहज़ीब के असर से मध्यवर्ग इन गवनहारियों को बहुत आदर से नहीं देखता था, पर उनके सम्मानित पूर्व संरक्षक, रजवाड़े और ज़मींदार भी अब इसी नई विधा को आश्रय देने लगे थे। लिहाज़ा शिक्षा के अभाव और समाज के कठोर रुख़ के चलते इन बदनाम मानी जानेवालियों का एक बड़ा पुरसाहाल पारसी थिएटर बनता गया और उससे जुड़कर कई असमय बुझने की कगार पर खड़ी महिला प्रतिभाएँ अचानक पनप उठीं।

अब तक पारसी नाटक मंडलियों में सबसे बड़े सितारे उनके नाटक-लेखक बनकर उभर आए थे। इनमें तीन नाम सबसे अधिक मशहूर हुए—पं. नारायण प्रसाद 'बेताब', आगा हश्र काश्मीरी तथा पं. राधेश्याम कथावाचक। मिस गौहर (कलकत्तेवाली नहीं) पारसी थिएटर की मशहूर गायिका थीं, जिन्होंने 'बेताब' की महाभारत तथा आगा हश्र काश्मीरी के 'सीता वनवास' के नाटकों में क्रमश; द्रौपदी और सीता की भूमिकाएँ निभाईं और बहुत मशहूर हुईं। गौहर की बहन मिस ख़ातून भी बहुत सुन्दर और प्रतिभावान थीं और एक उभरती कलाकार भी। पर किसी नाराज़ प्रेमी ने उनको विकृत कर इस काम के नाक़ाबिल बना दिया। भागलपुर के

किसी रईस की रक्षिता सुग्गनबाई की बेटी कज्जन उर्फ़ जहाँनारा इस मंच की मशहूर शख़्सियत बनीं। जब मूक फ़िल्में बनने लगीं तो भी इंटरवल में वे थिएटर में खँजड़ी बजाकर नृत्य करती थीं। बाद को टॉकी फ़िल्में आईं तो ज़ुबेदा के बाद वे दूसरी बड़ी स्टार बनीं। बर्मी माँ और किन्हीं हसनैन साहिब की बेटी ज़ुबेदा रंगून में पान की दुकान छोड़कर आईं और मैनलाइट थिएटर की बड़ी गायिका बन राधा के रोल में बड़ा नाम कमा गईं। शरीफा अन्य बड़ी पेशेवर तवायफ़ थीं जो मैडन कोरिंथियन कम्पनी के 'आँख का नशा' और 'दिल की प्यास' सरीखे नाटकों से मशहूर हुईं। उनकी बेटी हुस्नबानो भी अभिनय क्षेत्र से जुड़ी रही।

पारसी थिएटर के तीनों बड़े नाटक-लेखक भी बड़ी महिला गायिकाओं के लिए ख़ास रोल लिखकर उनकी प्रतिभा को उभारने में लगातार सहयोग देते रहे थे। इसमें आगा हश्र काश्मीरी प्रमुख थे। कलकत्तावाली गुलनारबाई को उन्होंने अच्छे रोल व गाने लिखकर मामूली अभिनेत्री से सितारा बना दिया और अन्ततः मदन थिएटर में उनको 500 रु. प्रतिमाह की मुलाज़िमत भी मिल गई। इसके अलावा नाटक 'आँख का नशा' में उन्होंने ही आगरे की मिस शरीफाबाई को कामलता तवायफ़ का रोल दिलाया और कंजी आँखोंवाली बिहार से आई मिस कज्जन को भी सितारा बनाया। उनसे 'फ़न सीखने को' आनेवालियों में एक मुख़्तार बेगम थीं, बला की हसीन और साफ़ गो। 1914 में विधुर हो गए आगा साहिब की वह पसन्दीदा कलाकार बनीं और उन्होंने आगा साहिब के आख़िरी ड्रामे 'औरत का प्यार' में उनकी एक ग़ज़ल को गाकर मशहूरी दिलवाई :

चोरी कहीं खुले न नसीम बहार की,
ख़ुशबू उड़ा के लाई है गेसुए यार की...
ए 'हश्र' देखना तो ये है चौदवीं का चाँद
या आस्माँ के हाथ में तस्वीर यार की।

इस लेखिका की राय में गुरुदत्त की फ़िल्म 'चौदवीं का चाँद' के मशहूर गाने के लेखक के ज़हन में शायद यह पंक्तियाँ कहीं ज़रूर रही होंगी। अस्तु!

मुख़्तार बेगम बाद को पाकिस्तान चली गईं और वहाँ भी थिएटर में नाम कमाया किए थीं। 1982 में उनके इन्तक़ाल पर कराची के मशहूर अख़बार डॉन में ख़बर छपी थी।

पारसी थिएटर के दूसरे मशहूर ड्रामानिगार थे पं. नारायण प्रसाद 'बेताब' जिनके मशहूर नाटक 'हमारी भूल' में मशहूर गायिका मुश्तरीबाई की बेटी मिस अख़्तरीबाई फ़ैज़ाबादी (उर्फ़ बेगम अख़्तर) ने मुख्य भूमिका की थी। उनके साथ दिवाचे (हैंड बिल) के अनुसार इस नाटक में अन्य महिला कलाकार थीं—मिस रामदुलारी, जहाँनारा बेगम (बुलबुल-ए-बिहार), मिस रेचल, मिस रंगा, मिस

महमूदा, मिस आशा, मिस तारा आदि। साथ ही 'गोरी गोरी मिसों के मनमोहक नाच-गाने' का भी उल्लेख करना इश्तिहार नहीं भूलता। सम्भवत: आज के बॉलीवुड की मेमों की ही तरह सीरत नहीं सूरत की वजह से अंग्रेज़ियत पर क़ुर्बान भारतीय दर्शकों को थिएटरों में खींचने को उनकी सेवाएँ ली जाती थीं।

बेताब जी की सुपुत्री विद्यावती 'नम्र' द्वारा लिखी उनकी बहुत पठनीय जीवनी (हिन्दी रंगमंच और पं. नारायण प्रसाद 'बेताब') में उल्लेख है कि ख़ुद बेताब जो आर्यसमाजी न होते हुए भी स्वामी श्रद्धानन्द के समाज-सुधार-विषयक विचारों के क़ायल थे, इन गायिकाओं के लिए रोल लिखने के बावजूद आगा साहिब के विपरीत उनसे दूरी बनाए रखते थे। लेखक सुदर्शन ने उनको बताया :

'सन् 1916 में पंडित जी से लाहौर में भेंट हुई। मिस शरीफा (एक नामी गायिका) उनके साथ थीं। मैंने उनसे कहा—एक्ट्रेसों के साथ बैठने से आपके मन में कोई भावना नहीं होती? बेताब जी जो एकदम शान्त थे एकदम गरम स्वर में बोले—कभी नहीं, कुछ भी नहीं...'

पं. राधेश्याम कथावाचक भी नामानुसार भक्तिपरक वृत्ति के लेखक थे और गानेवालियों की संगत से खिंचे रहते थे। उनका छोटा पुत्र बलराम इस लाइन में आकर अभिनेता बनने का इच्छुक था किन्तु मैडन थिएटर्स, जहाँ से वह जुड़ना चाहता था, अपनी कम्पनी के महिला तथा पुरुष कलाकारों को एक ही जगह रखने और उनके बीच बनते-बढ़ते रिश्तों को लेकर लगातार चर्चा में रहता था। सो आर्थिक तंगी के बावजूद राधेश्याम जी ने पुत्र को अपने ही पास रखने का फ़ैसला किया और बाप-बेटा वापिस बरेली लौट आए।

पारसी थिएटर जहाँ शास्त्रीय संगीत का उपयोग करता था, वहाँ शास्त्रीय रागदारी नियमों का यथासम्भव पालन किया जाता था। नाटकीयता बनाए रखने और दर्शकों से 'वंस मोर' लूटने के चाव में उसमें कई तरह की चमत्कार-प्रधान तानबाज़ी और ताल से खेल भी शामिल रहते थे, लेकिन राग-हानि की क़ीमत पर नहीं। नाटकों में गायक-गायिकाएँ शास्त्रीय और अर्द्धशास्त्रीय गायकी के विभिन्न प्रकारों में दर्शकों को सुरीली डुबकियाँ लगवाते चलते, मसलन—'इन्दरसभा' में जब इन्दर के रोल में दादा भाई गाते :

अरी जोगना दर्द की मुब्तिला
सुना अपना गाना मुझे भी ज़रा
सुना भैरवी या सुना जोगिया...

तो नीलम परी के रोल में अमीरजान इस तरह गातीं कि जानकार दर्शक समझ लें कि रागदारी क्या चीज़ है। कहते हैं कि इस रोल में वे अपना गाना राग-जोगिया से शुरू कर बड़ी कुशलता से भैरवी में उतर जातीं और फिर वापिस जोगिया में।

फिर पुखराजपरी के रोल में उनकी बहन मोतीजान अवधी में पारम्परिक होरी की बन्दिश गा उठतीं :

पा लागौं कर जोरी
ए स्याम मोसे खेलो ना होरी...

और उसके तुरत बाद जब तक दर्शक आह-वाह से उबरें-उबरें, तब तक शुरू हो जाती एक ग़ज़ल :

बेदाद मुझे याद है वल्लाह तुम्हारी
यूसुफ़ की क़सम अब न करूँ चाह तुम्हारी
अल्लाह क़दम शर्म के कूचे से निकालो
बाज़ार में हम देखते हैं राह तुम्हारी...

दोनों बहनें दर्शकों से इस तरह की मिश्रित और जटिल किन्तु सुरीली गायकी से हर बार बड़ी 'वंस मोरें' हासिल करतीं।

यही नहीं बेताब सरीखे आदर्शवादी रंग में रँग चले गांधीवादी नाटककारों ने स्वराज आन्दोलन से प्रभावित होकर इन गायिकाओं की मार्फ़त भारतीय समाज की कुरीतियों के साथ हिन्दू-मुसलमान के बीच फूट पोसनेवाले अंग्रेज़ी राज्य पर भी छुपकर कड़े प्रहार चालू कर दिए। अपने नाटक 'मिस किन्नरी' में बेताब ने नायिका मिस मेयो (जिनकी भारत-विरोधी रपट को गांधी जी ने नाली-निरीक्षक की रपट कहा था) पर तीखा हमला किया। गायिका मिस राजकुमारी गाती थीं :

बहारे गुल को बुलबुल ही ख़ुशी से देख सकती है
हमेशा चील तकती है तो मुरदारों को तकती है।...
शिवाले और मसजिद के खुले हैं गो कि दरवाज़े
कुमारी किन्नरी लेकिन वहाँ जाते झिझकती है...

अफ़सोस जब गांधी, मोतीलाल, तिलक और मौलाना आज़ाद सरीखे नेताओं ने इन नाटकों को सराहकर उनको देशभक्ति का प्रमाण-पत्र दे दिया और पढ़े-लिखों में थिएटर की पतनशील सोहबत को लेकर झिझक कुछ मिटी, तभी मानो विलेन बनकर पारसी थिएटर के गायक कलाकार चुराने को सवाक् फ़िल्मों का प्रवेश हुआ और देखते-देखते अख़्तरीबाई, मुख़्तार बेगम, कज्जन, ज़द्दन जैसे स्टार कलाकार मुम्बई फ़िल्म-जगत् की तरफ़ खिंचे चले गए।

सवाल उठता है—क्यों ? मोटी वजह यही समझ आती है कि पैसे और सराहना से नवाज़ने और उनकी मार्फ़त देश-सेवा के लिए चन्दा बटोरने के बावजूद देसी थिएटर-जगत्, राजनीतिक दलों या बाबू लोगों ने पारसी गायिकाओं को वह सम्मान नहीं दिया, जो देना चाहिए था। मुम्बई के खटिक पहले ही एक कम्पनी पर भावनाएँ

आहत करने का आरोप लगा उसे बन्द करा चुके थे। अब लाहौर में अख़बारनवीस लालचन्द फलक इस बात से अचानक उखड़ गए कि गौहर सरीखी विधर्मी गायिका को पौराणिक देवियों के रोल क्योंकर दिये गए। कावस जी खटाऊ की अलफ्रेड कम्पनी की लगातार अपने अख़बार में आलोचना कर उन्होंने जनभावनाएँ भड़का दीं और जहाँगीर खम्बाटा की अच्छी-भली कम्पनी बिकवा डाली।

अच्छे रंगमंच की जड़ समाज में होती है और मौक़ापरस्त लोगों के हमलों से वही उसे बचाता है। वह जड़ ही पेड़ को खाने लगे तो पेड़ कैसे ज़िन्दा रहे?

भतीजे 'नैरंग' कुद्दूस के अनुसार आगा हश्र ने 1933 में कह दिया कि अब थिएटर नहीं चलेगा। उसकी जगह फ़िल्में लेंगी। फिर उन्होंने मदान थिएटर की फ़िल्म के लिए 'शीरीं फरहाद' की पटकथा लिखी और न्यू थिएटर्स के लिए 'यहूदी की लड़की' तथा 'चंडीदास'। अपनी कुछ प्रिय अभिनेत्रियों को उन्होंने इन फ़िल्मों में रोल भी दिला दिए जिनमें उनकी अपनी हिस्सेदारी भी थी। शेष, जिसे कहते हैं, इतिहास है। (द रॅस्ट इज़ हिस्टरी...)

दिले मायूस में ख़्वाहिशें पैदा नहीं होतीं,
उम्मीदें इस कदर टूटीं कि अब पैदा नहीं होतीं।

सन्दर्भ-ग्रन्थ सूची

1. *क़ुदरत रंग-बिरंगी,* कुमार मुखर्जी, राजकमल प्रकाशन, नई दिल्ली।
2. *संगीत* पत्रिका, संगीत कार्यालय, हाथरस के विभिन्न अंक।
3. *संगीत की रसिक परम्परा,* डॉ. प्रमिला प्रियहासिनी, विश्वविद्यालय प्रकाशन, वाराणसी।
4. *गौहरजान,* विक्रम सम्पत, रूपा प्रकाशन प्रा.लि., नई दिल्ली।
5. *कल्पना,* काशी अंक-2005, बदरीविशाल पन्नालाल पित्ती ट्रस्ट, हैदराबाद।
6. *इन्दौर के मसीहा,* पं. अमरनाथ मेमोरियल फाउंडेशन, दिल्ली। (मूल अंग्रेज़ी से हिन्दी अनुवाद—बिन्दु चावला)।
7. *टू मेन एंड म्यूज़िक,* भारती बखले, परमानेंट ब्लैक, दिल्ली, वितरक ओरियंट लौंगमेन।
8. *स्वर मुद्रा,* भाग 1, अंक-1, सम्पादन प्रेरणा श्रीमाली, यतीन्द्र मिश्र, द रज़ा फाउंडेशन, नई दिल्ली।
9. *प्यारे हरिचन्द जू,* डॉ. प्रतिभा अग्रवाल, प्रवीण प्रकाशन, महरौली, नई दिल्ली।
10. *इंडियन म्यूज़िक,* ठाकुर जयदेव सिंह, संगीत रिसर्च अकादमी, कोलकाता।
11. *बाज़ानामा,* ए.एन. शर्मा, कथाचित्र प्रकाशन, नई दिल्ली।
12. *काशी का इतिहास,* डॉ. मोतीचन्द्र, विश्वविद्यालय प्रकाशन, वाराणसी।
13. *आगा हश्र और नाटक,* नैरंग कुद्दूस, उत्तर प्रदेश संगीत-नाटक अकादमी।
14. *पारसी थिएटर,* सोमनाथ गुप्त, लोकभारती प्रकाशन, इलाहाबाद।
15. *हिन्दी रंगमंच और नारायण प्रसाद 'बेताब',* विद्यावती लक्ष्मणराव नम्र, विश्वविद्यालय प्रकाशन, वाराणसी।

❑❑❑